「キングダム」で学ぶ乱世のリーダーシップ

原泰久 原作
長尾一洋 著

集英社

『キングダム』で学ぶ乱世のリーダーシップ

原泰久　原作
長尾一洋　著

集英社

はじめに
『キングダム』とリーダーシップ

『キングダム』を読んだことがある人も、読んだことのない人も、『キングダム』が大好きな人も、そうでもない人も、『キングダム』から激動の時代を生き抜くためのリーダーシップを学び、徒手空拳の若者が組織や国を率いて行くリーダーとなる条件を知って欲しいというのが本書の狙いです。

あの「ヤングジャンプ」に連載され、テレビ番組などにも取り上げられて話題になっている『キングダム』ですから、私よりもよく知っている、読み込んでいるファンの人も多いでしょう。したがって、本書は、「キングダム解説本」ではなく、リーダーシップについて学ぶ本です。リーダーの条件を『キングダム』を通して学ぶ本なのです。

私の本業は経営コンサルタントです。実は、私と『キングダム』との出会いは、社内の経営コンサルタント養成講座における社員からの質問でした。私が経営コンサルタントとして、孫子《そんし》や論語《ろんご》などの中国古典を勉強することの大切さを説いた時に、ある社員から「『キングダム』という漫画の大ファンで、この漫画を通じて中国の春秋戦国《しゅんじゅうせんごく》時代について学んでいるのですが、長尾社長はどう思われますか」と質問されたわけです。

私は普段、週刊や月刊の漫画などは読んだりしませんが、『まんがで身につく孫子《そんし》の兵法』といった著作もあって、漫画の力についてては理解しているつもりですし、好きな漫画は単行本で読みます。その時点では『キングダム』は読んでいなかったのですが、孫子《そんし》の兵法が漫画になると読みやすくなるように、秦《しん》の始皇帝《しこうてい》の話が漫画になれば中国の歴史を学ぶにも良いのではないかといった回答をしました。すると講座を受講していた他の社員からも「『キングダム』を知らないのか」「面白いからすぐに読むべきですよ」などと一斉に責められ、そこまで言うならと、全巻大人買いして読もうとしたらなんと品切れ。ちょうどテレビで紹介されて話題になっていた時期で、本屋さんの店頭からもネット書店からも『キングダム』が消えていました。

そうなるとますます興味が湧いてきて、ちょっとずつ買い集めながら二十巻くらいまで読み進めたところで、本書の話が舞い込みました。まさに『キングダム』を読んでいるところであり、私がその『キングダム』を読みながら感じていたのは、漫画としての面白さ、登場人物の魅力、秦《しん》が中国全土を統一する史実に基づく壮大な設定はもちろんですが、この漫画の中にリーダーとしてのあるべき姿、リーダーが満たすべき条件が活き活きとストーリー化されているということだったので、お引き受けしたのです。

ただ、懸念がありました。『キングダム』を描かれている原先生は、私より十歳年少で、連載開始は十年前ですから、今の私から二十歳若い段階でこのリーダー像を生み出すことができたのはなぜかという点が腑に落ちなかったのです。プロフィールを拝見すると組織に属しておられた期間はあるものの三年ほどです。失礼ながら、描かれているリーダー像が素晴らしいだけに、それが中身のない思い付きでたまたま生まれてきたものであったら、それをもとにしてリーダーについて語るのも虚しい仕事になってしまいます。半分やっかみです。なぜこの人は若いのにこんなに魅力的な登場人物を描き、リーダーとしての条件を体現させることができているのか。品切れ店が続出するほど売れていることへの嫉妬です。

そこで、連載が続く中、お忙しい原先生に無理を言い、集英社の編集担当の方にもお手間をおかけし、直接お会いして、リーダーシップ談義をさせてもらいました。

その席で、理想とするリーダー像などについて話をして合点がいきました。原先生は、わずか三年ばかりではありますが、勤めておられた会社でかなり濃密な修羅場を経験されていました。そしてその修羅場の中で、二人の素敵なリーダーに出会っていたのです。そこでの細かいエピソードはここには書けませんが、部下を信じ、部下を守るために戦い、部下へ思いをつないでいく上司。そして、原先生の漫画家になるという思いを受け入れ送り出してくれた上司です。今でもお付き合いがあるそうですが、この戦場とも言うべき職場での出会いが、原先生のリーダー像にリアリティを加え、より大きなものにしたのだろうと思います。

また、お若いのに、史記《しき》や戦国策《せんごくさく》など中国の古典に精通され、すべてではないにせよ史実に基づいてストーリーを考えられている点にも感銘を受けました。漫画であり、原先生の創作でありながら、史実や実体験によるリアリティがある。ここに『キングダム』がただ面白いだけの漫画ではない秘密があるのでしょう。

そう思って『キングダム』を読み返してみると、原先生の理想とするリーダー像や上司と部下の絆が、随所にちりばめられていることに改めて驚かされ、若くしてこうしたリーダー像を描くことができた理由にも得心がいったのです。

本書は、原先生の描いた『キングダム』の世界と、三十年ほどの経営コンサルタント経験の中で多くの経営者、リーダーたちに出会ってきた私とのコラボレーションであり、私がリーダーに求める条件を『キングダム』の中からピックアップした事例集でもあります。

本書におけるリーダーシップに対する見解は、私によるものですが、原先生のリーダー像にも沿っているはずです。『キングダム』を読んでから本書を読むもよし、本書を読んでから『キングダム』を読むもよし。

それでは、『キングダム』を片手に、乱世に求められるリーダーシップを一緒に学んでいきましょう。

長尾一洋

目次

『キングダム』で学ぶ
乱世のリーダーシップ
CONTENTS

目次

『キングダム』で学ぶ
乱世のリーダーシップ
CONTENTS

5分で理解《わか》る 本書の登場人物

構成・執筆／樹想社

本書で扱うキャラクターたちを解説。所属ごとに分けて紹介するので、それぞれの関係を理解してから本文を読み進めよう。

飛信隊隊長

信《しん》

下僕の身から立身出世を狙う

戦場で功績をあげ、大将軍を目指す若武者。数奇な縁から王である政《せい》と友情で結ばれ、中華統一の覇道を共に歩むことに。

【関連人物】漂《ひょう》

信《しん》の親友。政《せい》の影武者として命を落とし信《しん》と政《せい》を引き合わせた。

秦王

嬴《えい》政《せい》

戦乱の世を戦う後の「始皇帝《しこうてい》」

後に平和な世を築くため、武力による中華の統一を目指す秦《しん》国王。外敵だけでなく、呂不韋《りょふい》との勢力争いも苛烈を極める。

【関連人物】紫《し》夏《か》

敵国で育った政《せい》を、命をかけて秦《しん》まで送り届けた闇商人の頭目。

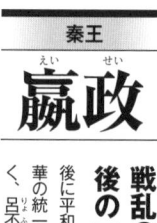

秦国陣営 —— 王宮

左丞相

昌文君《しょうぶんくん》

武官から文官へと転身した大王派の重鎮。勢力を纏め呂不韋《りょふい》に対抗。

右丞相・軍総司令

昌平君《しょうへいくん》

秦《しん》国の軍事を司る。呂《りょ》不韋《ふい》のもとで活躍し、彼の地盤を固めていく。

元相国

呂不韋《りょふい》

強大な財力で成り上がり、幼い政《せい》にかわり秦《しん》国の実権を握った豪商。

第二十八代国王

昭王《しょうおう》

政《せい》の曽祖父。〝戦神〟と称され、在位の間は戦争に明け暮れていた。

王弟

成蟜《せいきょう》

政《せい》の母違いの弟。自分こそが正統な秦《しん》王であると考えていたが……。

元左丞相

竭氏《けつし》

成蟜《せいきょう》と共に反乱を企てるも失敗に終わる。

魏興《ぎこう》

竭氏配下

後宮勢力

麗《れい》

政《せい》と向《こう》の間に生まれた王女。気丈さは父譲り。

陽《よう》

向《こう》の親友。向《こう》の危機には命をかけて彼女を守る。

向《こう》

政《せい》の側室の一人。政《せい》との間に娘をもうける。

嫪毐《ろうあい》

呂不韋《りょふい》が送り込んだ偽宦官《かんがん》。太《たい》后《こう》の男娼となる。

太后《たいこう》

政《せい》の母。呂不韋《りょふい》のかつての恋人。嫪毐《ろうあい》と密通する。

麃《ひょう》公《こう》

前線で戦い続ける猛将。敵の緻密な作戦も本能で打ち破る型破りな将軍。

大将軍

騰《とう》

王騎《おうき》の副官。彼の死後は将軍となり、豊富な経験を活かして戦功をあげる。

大将軍（元六大将軍）

王《おう》騎《き》

圧倒的な武力と知略を併せ持つ秦《しん》国屈指の大将軍。信《しん》が目標とする将軍の姿。

大上造

楊《よう》端《たん》和《わ》

山の民の女王。政《せい》に協力して数々の危機を救い、大上造《だいじょうぞう》の爵位を得ている。

蒙《もう》武《ぶ》

蒙驁《もうごう》の息子。武力では国内最強を誇る。王騎《おうき》の死後、秦《しん》軍の柱となる存在。

大将軍

蒙《もう》驁《ごう》

歴戦の老将。才には恵まれないが、堅実な戦いと人材登用で大将軍となる。

将軍

壁《へき》

政《せい》に協力し、堅実に戦功を重ねる。信《しん》の兄貴分。

干《かん》央《おう》

元王騎《おうき》軍。死闘を得意とし、泥臭い戦いを好む。

隆《りゅう》国《こく》

元王騎《おうき》軍。作戦参謀として、信《しん》たちを教育する。

録《ろく》嗚《お》未《み》

元王騎《おうき》軍。激情型の性格で、突破力に優れる。

王《おう》翦《せん》

六将級と称されるも、黒い噂がつきまとう将軍。

玉鳳隊隊長

王賁《おうほん》

王翦《おうせん》の息子。信《しん》のライバル的存在。

玉鳳隊副長

番陽《ばんよう》

玉鳳隊千人将

関常《かんじょう》

楽華隊隊長

蒙恬《もうてん》

蒙武《もうぶ》の息子。信《しん》、王賁《おうほん》と並ぶ逸材。

千人将

縛虎申《ばくこしん》

乱銅《らんどう》

飛信隊

軍師

河了貂《かりょうてん》

信《しん》と政《せい》に協力したことから仲間となった少女。軍略を学び軍師となる。

副長

羌瘣《きょうかい》

暗殺一族の末裔。高い武力を持ち、彼女自身も三千人将の地位を得る。

副長

渕《えん》

古参の副長。軍才には乏しいが責任感は強い。

楚水《そすい》

戦場での後方支援や陣頭指揮など補佐能力が高い。

百人将

竜川《りゅうせん》

巨漢の百人将。故郷に家族を残し、戦場で戦う。

什長

尾平《びへい》

信《しん》の同郷。信《しん》の初陣から共に戦う。

魯延《ろえん》

戦場の経験が豊富で知恵袋的な老兵。

松左《しょうさ》

飄々とした性格で、槍を得意とする。

伍長

尾到《びとう》

尾平《びへい》の弟。趙軍《ちょう》との戦いで戦死する。

戦国七雄 —— 主要人物

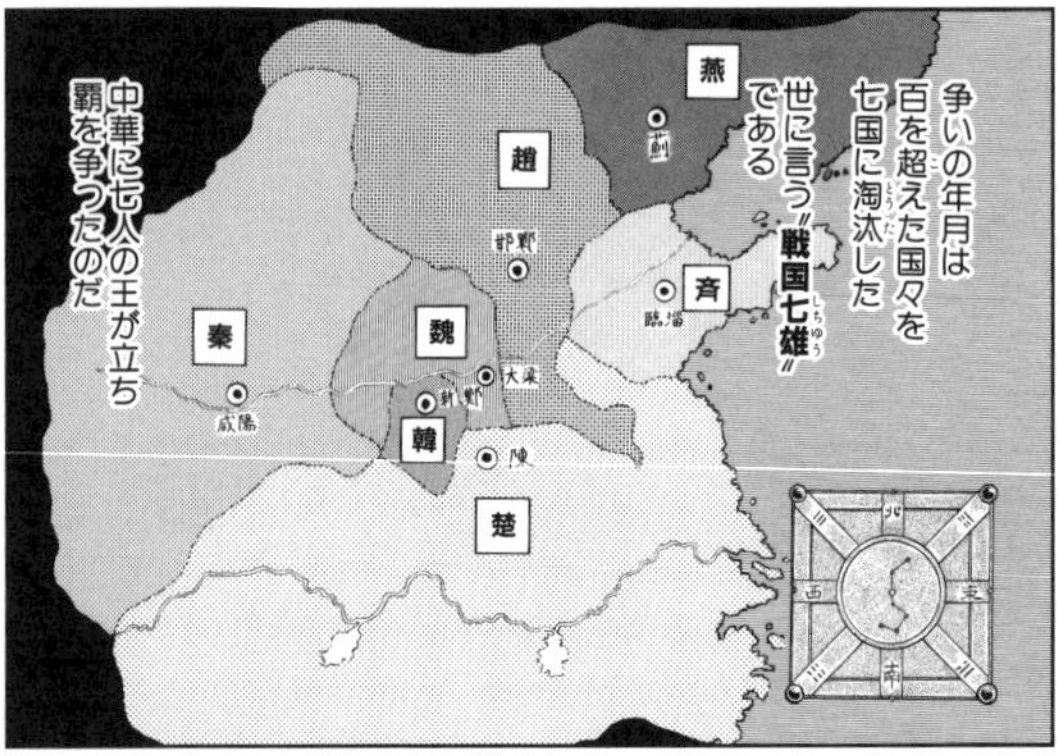

争いの年月は
百を超《こ》えた国々を
七国に淘汰《とうた》した
世に言う〝戦国七雄《しちゆう》〟
である
中華に七人の王が立ち
覇を争ったのだ
燕
薊
趙
邯鄲
斉
臨淄
魏
大梁
新鄭
秦
咸陽
韓
陳
楚
北
西
東
南

「戦国七雄」とは？

春秋戦国《しゅんじゅうせんごく》時代、群雄割拠のなか弱小国を淘汰し、大陸に残った七つの強国（秦《しん》、趙《ちょう》、魏《ぎ》、韓《かん》、燕《えん》、斉《せい》、楚《そ》）を「戦国七雄《せんごくしちゆう》」と呼ぶ。中華統一のためには、秦《しん》はこれらの国を滅ぼすことが必要となる。

趙国

宰相 李《り》牧《ぼく》

知略に優れ数々の策で秦《しん》を苦しめる。王騎《おうき》軍を破ったことで名を轟かせた。

李牧の側近 カイネ

李牧《りぼく》の護衛を務める女剣士。軍を率いて戦うこともある。

大将軍 龐《ほう》煖《けん》

〝武神〟を自称する求道者。圧倒的な武力を誇り、王騎《おうき》、麃公《ひょうこう》と一騎打ちで戦う。

慶《けい》舎《しゃ》

〝沈黙の狩人〟と呼ばれる。模擬戦で李牧《りぼく》に勝利するほどの軍才を持つ寡黙な将軍。

将軍 馮《ふう》忌《き》

〝頭脳の馮忌《ふうき》〟の異名を持つ軍略に優れた将。

万《まん》極《ごく》

秦《しん》の大虐殺の生き残り。怨念めいた感情を持つ。

魏国

魏火龍七師

紫伯《しはく》

槍の名手として名高い、魏《ぎ》の大将軍。

凱孟《がいもう》

14年もの間、幽閉されていた豪将。

霊凰《れいおう》

冷酷無慈悲な軍略家。呉鳳明《ごほうめい》の師匠。

呉慶《ごけい》

滅亡した小国の王族。文武に優れる。

大将軍

呉鳳明《ごほうめい》

呉慶《ごけい》の息子。攻城兵器の開発が得意。

廉頗《れんぱ》

趙《ちょう》、魏《ぎ》、楚《そ》を渡り歩いた歴戦の将軍。

廉頗四天王

輪虎《りんこ》

玄峰《げんぼう》

将軍

宮元《きゅうげん》

呉慶《ごけい》の副将。武力を併せ持つ戦略家。

楚国

元宰相

春申君《しゅんしんくん》

戦国四君《せんごくしくん》に数えられる。合従軍《がっしょうぐん》では総大将を務めたが、敗北により左遷。

宰相

媧燐《かりん》

大柄な女将軍。癖のある性格だが戦の天才。宰相となって大軍を率いる。

大将軍

汗明《かんめい》

楚《そ》の大巨人。合従軍《がっしょうぐん》では楚《そ》の総大将を務めた。

将軍

臨武君《りんぶくん》

豪腕の将軍。合従軍《がっしょうぐん》では騰《とう》と対峙し討たれた。

千人将

項翼《こうよく》

信《しん》と同年代の将。宝剣莫邪刀《ばくやとう》を戦場で振るう。

■ 本文中の〈第○巻 ××P〉は、
YJC『キングダム』中に出てくるシーンの巻数、ページです。
■ 特に〈第○巻 ××P★〉とあるところは、本書中に引用されているシーンです。

カバー・本文デザイン／廣川千紘（5GAS DESIGN STUDIO）

序章

誰でもリーダーになることはできるのか？

主人公・信《しん》は、戦争孤児で下僕扱いされていたが、あることを契機にリーダーへの道を進むこととなる。〈第一巻　14P〉

誰でもリーダーになることができる

『キングダム』の主人公・信《しん》は戦争孤児であり、下僕扱いされる最下層から這い上がりました。**〈第一巻 14P★〉**

現代社会でも、出自や学歴による差や、親のいない孤児や遺児、いても一人親だったり、育児放棄といったこともあります。親の経済力が子供の学歴に影響するといったこともあるでしょうし、すべての人が恵まれた環境に生きているわけではありません。

しかし、だからと言って「俺なんか、とてもリーダーにはなれない」と諦めてしまっては、信《しん》に笑われてしまいますし、私は**誰でもその気にさえなれば、リーダーシップを発揮できるようになる**と確信しています。

私は、経営コンサルタントとして三十年近く、様々な経営者や管理者、リーダーやリーダー候補に出会ってきました。現代のリーダーとして、会社の社長になるというのは分かりやすい例だと思いますが、家庭環境にも恵まれず、学歴もないにもかかわらず、「叩き上げの社長」と呼ばれる人が案外いるものです。中小企業レベルであればそれこそたくさんいますし、有名企業であっても立志伝中の経営者がいます。

しかし、こういう創業者タイプは、そもそも生まれつき変わった人で、特異な能力を持っていたのではないかと言いたくなるケースも少なくありません。これでは、今、本書を読んでいて、「俺なんかリーダーにはなれない」と言っている人の説得材料になりません。現状に自信がないということは、生まれつきリーダータイプではないわけですから。

そこで参考になるのが、二代目、三代目の後継者です。私はこの後継者となる人たちともたくさん出会ってきました。そしてこの目で、とてもリーダーとしてやっていけないのではないかと心配になるような状態から、押しも押されもせぬリーダーとして社員を引っ張る立派な経営者になる変化の過程を見てきました。創業者がリーダーシップを発揮するようになる過程は、出会うのが経営者になった後なので、話で聞くしかないのですが、後継者がリーダーとして活躍していく過程は、ビフォア・アフターで見ることができたのです。

私がまだ二十代だったころ、後継経営者養成講座という会社の二代目、三代目を集めて企業経営者として必要な知識や心構えを教える講座のアシスタントをしていました。もちろん後継者は社長の息子さんが多いわけですから、裕福で学歴も高く、若くてもしっかりした人もいます。しかし、企業と言っても数名程度の小さな会社もありますし、勉強が苦手で大学に行っていない人もいます。それでも親が社長でその後を継ぐのだから恵まれているじゃないかと言いたい人もいるでしょうが、本人は親の会社を継ぐことを嫌がっているケースが少なくないのです。他にやりたいことがあるのに、親が継げと言うから仕方なくという形で、渋々その講座に参加するという人もいました。

当時、私はまだ駆け出しのコンサルタントで、大学は出ていましたが、母親しかおらず貧乏暮らしで育ちましたから、最初のうちは企業の後継者として講座に参加する人たちをうらやましく思ったりもしていました。しかし、親しく接していくうちに、必ずしも恵まれた境遇にあるというわけではないのだなと思うようになりました。そして中には、「この人は経営者には向かないのではないか」「無理に社長にしたりしたらプレッシャーに押しつぶされてしまうのではないか」と思うような人もいました。

暴走族か！　と突っ込みたくなるようなヤンキー後継者もいました。今でもとても仲良くさせてもらっているので、書いても怒られないと思うのですが、勤めていたコンサルティング会社主催のゴルフコンペでクライアントをお出迎えしていた時のことです。ベンツ、クラウン、ベンツ、クラウン、ＢＭＷと高級車が次々と到着するわけです。「さすが経営者は高級車に乗っているな」と思っていたら、場違いなヤンキー仕様の軽自動車が……そこから降りてきたのが、後継経営者養成講座の受講者です。それで一気に親近感が湧いて仲良くなったのですが、その時は超ウケました。今でもよくこの時のことを笑い話にしています。その人はちょっとやんちゃな高校を出て、大学には行かず、地元の企業で営業の仕事を五年ほど経験してから、親父さんの会社に入っていた人でした。後継者といってもそんなに大きな会社ではないし、その後、その会社が倒産したりもして、親父さんの負の遺産まで背負うことになり、一般のサラリーマンよりもかえって苦労が大きかったとも言えるかもしれません。

しかし、そうした、生まれつきリーダーシップがあるわけでも、成績が優秀だったり、学歴が高いわけでもない後継者の人たちが、三年、五年、十年と見ていると、どんどん立派になり、リーダーシップを発揮するようになるのです。もちろん、やっぱりダメだなという人もいるわけですが、同年代のサラリーマンと比べたりすると格段の違いが出てきます。持って生まれた能力が違うわけではないのです。「自分がやるしかない」という覚悟であったり、「守るべき社員がいる」という責任感、使命感の違いでしょう。

私が、二十代で出会った後継者の人たちを三十年継続ウォッチしてきて、確信を持って言えることは、**人間、その気になれば、その場に立ってやるしかないと覚悟を決めれば、誰しもリーダーになれる**、ということです。ちょっとした能力や知識があるかないかといったことは、大した問題ではないのです。生まれ育った境遇や与えられた環境がどういうものであるかも関係ないのです。恵まれていればそれを活かせばいいし、逆境に置かれればそこで鍛えられてマイナスをプラスに転じることができるようになるのです。

まるで信《しん》のように。

誰にでもそのチャンスがあるのが「乱世」

誰にでもリーダーシップを発揮し、リーダーとなる可能性があるわけですが、それが戦争孤児の下僕状態から大将軍にまで登り詰めるほどのチャンスにつながるかどうかは、その時の時代背景にかかっていると言っても良いでしょう。小さな組織のリーダーになる、会社の社長になる、地域コミュニティのリーダーになる、家族を守るリーダーになる、友人たちと旅行に出かけるリーダーになる、といったことであれば、時代に関係なくいつでも可能です。

今の日本には身分制度はありませんが、**身分の差を乗り越え、学歴の壁を乗り越え、慣習や常識の枠を飛び越えて飛躍するためには、その時代が乱世であった方がむしろ望ましい。**

既成の秩序や枠組みがビシッと固定され、そのルール通り、決められたレールの上を進むだけの治世では、なかなかチャンスが回ってきません。

『キングダム』の時代、信《しん》が飛躍する時代も、まさに戦国時代。戦国七雄《せんごくしちゆう》が入り乱れて覇を競う乱世です。後の始皇帝《しこうてい》・政《せい》が出自を問われ、権力基盤を持たない状態に置かれたのも乱世であるが故です。王位の継承が秩序立って行われていれば、政《せい》に出番は回ってこなかったかもしれません。そして弟の反乱がなければ、政《せい》と信《しん》の出会いもありませんでした。

戦国時代でいくらでも兵隊が必要だったからこそ、農民兵が集められ、即席の軍隊が組織されました。そこに軍功を挙げ、出世の階段を登るチャンスが用意されていたわけです。

日本においても、農民出身のサル（木下藤吉郎秀吉《きのしたとうきちろうひでよし》）に出番が与えられたのは戦国時代だからこそ。新興勢力である織田《おだ》家には家臣団が充分ではなく、プロの武士が少なかったのでしょう。優秀な人材であれば、たとえ農民出身であっても取り立てる。武功があれば出自に関係なく出世させる。それを世に示すから、それに続けと人材が集まるわけです。これこそ戦国乱世のチャンスでありメリットです。

それがその後の徳川《とくがわ》時代になり、安定した治世になると、身分は出自によって固定され、長幼の序が重んじられ、刃傷沙汰を起こすようなことをしたらお家取り潰しで、秩序の安定を最優先しました。こうなってはリーダーシップを発揮する出番がありません。その秩序を破って行《おこな》った赤穂浪士《あこうろうし》の忠臣蔵《ちゅうしんぐら》は、滅多にないことだから後世に語り継がれることになりました。

今がまさにその「乱世」

では、今現在（二〇一六年）の日本や世界はどうか。

乱世です。戦国時代とまでは言いませんが、既成の秩序や構図が崩壊し、新しい形を模索している状態とでも言えばいいでしょうか。

日本にいると戦後七十年、戦争のない平和な状態が続いているように感じますが、世界では今日もどこかで紛争やテロが起こり、人の命が奪われています。ＥＵ圏に大量の難民が流入したりするのはニュースでもよく見かけるでしょう。実際には日本でも、冷戦構造が崩れ、中国の台頭などによりつばぜり合いが起こっていて、尖閣諸島や竹島、北方領土などはよく知られています。乱世だけに、今後どうなるかよく分かりませんが、平和な治世が続いているとはとても言えないでしょう。

日本国内は、人口減少が始まったことによって、その構造や仕組みを変えざるを得なくなっているように感じます。人が減れば、衣食住などの需要が確実に減り、働く人も減るわけですから、国力が落ちるのは当然です。同時に高齢化が進んでいますから、社会保障の負担はどんどん大きくなります。今や国が抱える国債などの借入は、一〇〇〇兆円を超えていて、さらに毎年借入を増やしているわけですから、この先どうなることか……。

私の専門のビジネス面では、日本の人口がピークを迎えた二〇〇五年あたりから明らかな変調が生じてきていると実感します。これは、日々多くの企業と接していて感じる肌感覚です。一部、高齢者向けのビジネスなどの例外はありますが、**ほとんどの業界で国内マーケットが縮小し始め、業界内での過当競争、合従連衡《がっしょうれんこう》が起こっています。**あの小売業ナンバーワンを誇ったダイエーがイオングループに吸収され、あの三洋電機がパナソニックに吸収されて消えてしまい、あのフラッグキャリアであるJALまでが行き詰まりました。今や、勝ち組業界であったコンビニエンスストアも、合従連衡《がっしょうれんこう》の再編を余儀なくされています。日本を代表する有名企業が、目先の業績を確保するためにデータを改ざんしたり、不正経理を行ったりする例も見られます。日本だけではなく、世界一、二を争うドイツの自動車メーカーまでもが不正を行《おこな》っていました。こうした大手企業はニュースにもなるので分かりやすいですが、中堅・中小企業での淘汰は、もはや日常茶飯事です。

今までと同じことを、今までと同じようにやっているだけでは、生き残っていけない時代、すなわち乱世の真っ只中に、我々はいるのです。もちろんそれは、『キングダム』でリーダーシップを学ぼうとする我々にとって、ピンチではなくチャンスです。

乱世だからこそ出番があるし、そのチャンスを活かせる。あとは自分次第です。

それでは、『キングダム』をテキストに、十個のリーダーの条件を学んでいきましょう。

第一章
リーダーの条件①
人を巻き込み同志とできるか

刺客に命を狙われることとなった信《しん》の親友・漂《ひょう》が信《しん》を巻き込むことによって、信《しん》を天下へと導いた。〈第一巻　55P〉

リーダーと一口に言っても、いろいろなリーダーがいます。国のリーダーも、企業のリーダーも、チームのリーダーも、地域のリーダーも、それぞれリーダーです。すぐに天下の大将軍とはなれなくても、信《しん》の飛《ひ》信隊《しんたい》が百人、三百人、五百人、千人と成長していったように、段階を追ってレベルアップしていきましょう。

本書では、リーダーを、**「二人以上の集団（組織）をある目的地（目標）に向けてリードする（導く）人」**であると定義したいと思います。とすると、そこにはリーダーについてきてくれるフォロワーが最低一人必要になります。

まず、**リーダーの条件その一は、人を巻き込み同志とできるかどうか。**この力を**エンロール力**と呼びます。協力者を巻き込み、仲間にする力です。協力者のいないリーダーというのは、あたかも貨車や客車を引かない機関車のようなもので、それ自体に力があって、すごい人かもしれませんが、単独で走るだけでは、ただの一匹狼であって、その持てる力を発揮しているとは言い難い。『キングダム』では、龐煖《ほうけん》のような存在でしょうか。

信《しん》をエンロールした漂《ひょう》

信《しん》と共に孤児として暮らす漂《ひょう》が、武功を挙げることで下僕の生活から抜け出す道を示して、信《しん》をその気にさせるところから『キングダム』は始まります。そして、秦王・政《せい》の身代わりとなって刺客に命を奪われるまさにその時、信《しん》と漂《ひょう》が一心同体となるのです。〈第一巻 55P★〉

これで信《しん》は常に漂《ひょう》と共に天下を目指すことになります。漂《ひょう》に天下の大将軍へとエンロールされた信《しん》が、ここから漂《ひょう》を伴って天下を目指すリーダーになったのです。一心同体。これほど強い結びつきのリーダーとフォロワーはありません。利害や損得を超えた関係です。

利害を示した政《せい》

もちろん、利害や損得に訴えて人を巻き込むことも必要になります。漂《ひょう》の死を嘆き、漂《ひょう》を身代わりにした政《せい》に対して怒りをぶつける信《しん》に、謝るわけでもなく、頼み込むわけでもなく、媚びへつらうわけでもなく、政《せい》は二つの岐路を示してエンロールしました。〈第一巻 177P〉

同志としたい人間が何を望んでいるのか、何を目指しているのかをつかみ、その実現に近づく方法を示すことにより、それまで敵意すら示していた信《しん》を協力者にすることに成功したわけです。

さらに、政《せい》は下僕の身分のままでは戦場に出られない信《しん》に、土地や家、財を与えることを約束します。〈第二巻　114Ｐ★〉

徴兵制度や身分による制約について何も知らない信《しん》に対しては、分かりやすい報酬の提示が必要だったのでしょう。利害や損得だけでついてくる人間は、他からもっと条件の良い誘いがあるとそちらに流れてしまうという懸念がありますが、だからと言って赤の他人が何の得もないのにリーダーに協力してくれることはありません。

最初は損得勘定からリーダーに従いながらも、徐々に損得を超えた信頼関係を構築していく。ビジネスでも同様です。そもそも給料も出ないのに一緒に働いてくれる人はいません。しかしそこで一緒に仕事をしている内に、ただ給料のためだけではなくなる。逆にそうならなければ、ただ報酬をもらうため、生活のために、言われたことだけはやります……という追従者に過ぎず、いざという時に役に立たない人間となるでしょう。

損得勘定のない素直なお願いが有効なこともある

人は損得勘定で動くと同時に、**損得抜きだからこそ力を貸す、手を貸す、協力する存在でもあります。**困っている時、窮地に陥っている時、弱っている時、素直にそれを認め、率直に状況を伝え、真摯に協力をお願いする。その姿勢が人を動かすのです。

山の民の王・楊端和《ようたんわ》に助力を求めた信《しん》は、損得など考えることもなく、率直に思いを伝えました。**〈第三巻　52P★〉**

理屈抜きです。相手が誰だとか、立場がどうかとか、関係なし。この時、政《せい》や信《しん》を助けても楊端和《ようたんわ》に得はありません。そもそも積年の怨みを晴らすべく殺そうとしていたわけですし、政《せい》は秦《しん》王と言っても弟に追われている身です。助けたら損害の方が大きそうなのですから、損得勘定だけでは説得できません。

自分の弱みをさらけ出し、素直に協力を頼めることもリーダーにとって大切なことです。

土地、家、財を与える約束をすることによって政《せい》は信《しん》を巻き込む。〈第二巻　114P〉

楊端和《ようたんわ》に、損得考えず、率直に頼み事をする信《しん》にリーダーの資質の萌芽が？〈第三巻　52P〉

日頃からの信頼関係がイザという時に効いてくる

素直で、率直で、真摯なお願いが人を動かすわけですが、その時に問われるのがその人への信頼です。この人なら、この人には裏表がないな、この人は誠実な人だな、この人の頼みを聞かないわけにはいかないな、と思えるかどうか。**日頃からの信頼関係ができているかどうかが重要**になります。

楊端和《ようたんわ》が信《しん》の率直な訴えを切り捨てずに聞く耳を持ったのも、信《しん》の裏表のなさ、ストレートさを感じていたからでしょう。

たとえば、日頃から歩兵を大切にし、安易に兵を斬り捨てようとする千人将をいさめるような誠実さを持った千人将・壁《へき》は厳しい状況に置かれていることを兵に正直に伝えた上で、秦《しん》国の歩兵たちの力を信じ、戦いへと鼓舞します。**〈第六巻　13P〉**

歩兵たちにしてみれば「この人から言われたらやるしかない」という感じでしょう。壁《へき》の誠実かつ真摯な訴えだからこそ、歩兵たちの心も動いたのです。壁《へき》の人柄が出ているシーンですが、それがまた、政《せい》や信《しん》、山の民との出会いから自分の無力さを感じたが故だと言うのですから、この壁《へき》の謙虚な人柄には惹きつけられてしまいます。
元趙国三大天《ちょうこくさんだいてん》の一人で、魏《ぎ》に亡命していた廉頗《れんぱ》も、日頃から醸成された信頼や尊敬によって部下を鼓舞します。戦いの前に部下をハグする開戦前のルーティーンです。〈第十九巻 153P〉
武将たちを順にハグしていくだけなのに、武将たちにパワーを与え、一気に高揚させていく。日頃から将軍として信頼し尊敬し、畏怖さえしている廉頗《れんぱ》にされるからこそです。こんなことを今やったら、「セクハラだ」「パワハラだ」と言われてしまいそうですが、やはりそれも誰がやるかで違ってきます。異性の部下にはやりにくいですが、スキンシップが加わるとコミュニケーションが強力になります。もちろん信頼関係もないのに、いきなりハグしたり肩を叩いたりしたら、今なら「セクハラ」、戦国時代でも効果ゼロでしょう。
信《しん》のライバル蒙恬《もうてん》も、日頃の信頼関係によって部下を鼓舞し、エンロールします。輪虎《りんこ》との戦いにおいて、楽華隊《がくかたい》、玉鳳隊《ぎょくほうたい》、飛信隊《ひしんたい》が共同作戦をとり、蒙恬《もうてん》率いる楽華隊《がくかたい》が先陣を切ってつぶれ役となるシーンです。〈第二十巻 141P〉
いつもは軽いノリの蒙恬《もうてん》が、珍しく開戦前に檄を飛ばしただけで、楽華隊員《がくかたいいん》たちは若きリーダーである蒙恬《もうてん》の心中を察したわけです。リーダーの日頃の行《おこな》いを部下は見ていますから、「適当なことをする若旦那だな」「頼りない二代目だな」と軽んじられていては、イザという時に動いてくれません。調子のいい時はすり寄って、おべんちゃらでも言うかもしれませんが、イザ命懸けで厳しい戦いに突入するとなったら、知らん顔でしょう。

しかし、蒙恬《もうてん》は「悪いが宜しく頼むよ　みんな」で、一気に士気を高めることができました。**普段から上下の信頼関係ができていてこそです。**

巻き込む相手を理解し共に戦う姿勢を持つ

単純な利害、損得だけでなく、巻き込みたい相手が何を望んでいるのか、その相手を理解し、歩み寄り、相手が求めるものを一緒に勝ち取ろうとする姿勢を持つことも、人を巻き込むためには必要になります。こちらがやりたいことに協力してくれと言うばかりではなく、その相手がやりたいことに対してこちらも協力するという姿勢があるかどうか。**自分の都合ばかり押し付けられていると相手が感じては、心は動きません。**

政《せい》は、旗色を鮮明にせず、自分の王としての資質を試そうとする王騎《おうき》の心の中に、亡き昭《しょう》王《おう》の影を見てとり、中華統一の夢を共に実現すべくエンロールしました。王騎《おうき》に対してこびへつらうこともなく、お願いすることもなく、昭王《しょうおう》に遠慮することもなく、「最愛の主を失い着地する場所を求めてもがき苦しんでいる虚しい鳥だ！」と喝破して、王騎《おうき》を動かしたわけです。〈**第五巻　58P★**〉

王騎《おうき》の昭王《しょうおう》への思いを理解し、受け入れた上で、改めて共に戦う道へ進むことを示したところに、政《せい》の人を巻き込み同志とするパワーを感じるシーンです。

第一子が生まれたばかりで、決死の突撃に対して躊躇する竜川《りゅうせん》を鼓舞し、士気を高めたのは信《しん》です。〈**第十二巻　76P**〉

竜川《りゅうせん》は、突撃に怖気づいているわけではありません。家に残してきた妻子のことが心配なのです。生まれたばかりの子供を想っているのです。「そんなことは関係ない」と一喝することもできたでしょう。「家族が待っているのはお前だけじゃない」と言い放つこともできたはずです。しかし、信《しん》は残してきた家族を守るためにも、ここで勝たなければならないことを伝えます。それによって竜川《りゅうせん》は先頭に立って敵に突進し、他の隊員たちも必死に戦いました。

そして、大将の首を獲るべく突き進む飛信隊《ひしんたい》が窮地に陥った際に、尾到《びとう》が信《しん》に「大将の首はお前がとるんだ」と歩兵を残して騎馬で信《しん》と羌瘣《きょうかい》だけを進ませようとします。すると中に

昭王《しょうおう》の影を追っている限りお前の降り立つ所などないぞ
無論 俺からお前の寄り木になってやる気など毛頭《もうとう》ない
だが もし俺と共に戦いたいと願うのなら昭王の死を受け入れ一度地に足をつけよ
中華に羽ばたくのはそれからだ〝秦《しん》の怪鳥〟よ!

態度をはっきり表明しない〝秦《しん》国六大将軍〟の一人・王騎《おうき》の内面を見透かし、遠慮することなく自分の思いをぶつけ、巻き込もうとする政《せい》。〈第五巻　58P〉

は田永《でんえい》のように大将首の恩賞を気にする人間も出てきます。そこで信《しん》が恩賞について、「生きてる奴も死んでる奴もっ　全員まとめてきっちり百等分だ‼」と宣言します。〈第十二巻183P〉

　リーダーだけが評価され、褒賞を手にするのではなく、共に戦い、得たものは山分け。組織で動けば役割分担で、派手な活躍ができる部署もあれば、地味で目立たない人も出てきます。そうした**現場の気持ちも汲んでこそ、リーダーの活躍を支えようという意識も生まれます。**下の人間の気持ちも理解できるのが、最下層から這い上がる信《しん》の強みでもあります。

　その結果、ついに信《しん》は、趙《ちょう》の将軍・馮忌《ふうき》を討ち取ります。そこで高らかに飛信隊《ひしんたい》の信《しん》という名が宣言されたことで、信《しん》の名は敵国である趙《ちょう》だけでなく、中華全土に広まると、王騎《おうき》が信《しん》に伝えます。〈第十三巻　21P★〉

　信《しん》が求めているものは褒賞ではないわけです。王騎《おうき》はそれを分かった上で、信《しん》の部隊に飛《ひ》信隊《しんたい》という名前を授けていたのです。王騎《おうき》は、わざわざ飛信隊《ひしんたい》の宿営地に現れて、信《しん》たちを労うと同時に、信《しん》を中華統一に向けて共に戦う同志としてエンロールしました。人によって求めるもの、目指すところが違うわけですから、その人に合わせたエンロールができないといけません。王騎《おうき》が信《しん》に「恩賞がたくさんもらえるぞ」と言いに来ても、信《しん》は大して盛り上

派手な活躍を繰り返せば、自分の名が天下に轟くことを知り、王《おう》騎《き》、政《せい》の〝中華統一〟の夢に巻き込まれる信《しん》。〈第十三巻　21P〉

がらなかったはずです。

相手を理解し、相手が本当に望んでいることを共に実現しようとすると言えば、信《しん》が羌瘣《きょうかい》をエンロールするこのシーンを外すわけにはいきません。**〈第十三巻 146P〉**

仇討ちだけを生きる目標とする羌瘣《きょうかい》の中に、仇討ちの先があることを信《しん》は見抜き、それを羌瘣《きょうかい》に示します。この時点では羌瘣《きょうかい》本人も気付いていないかもしれない、気付いていても気付かないフリをしているのかもしれないものですが、信《しん》は羌瘣《きょうかい》の帰ってくる場所として飛信《ひしん》隊《たい》があることを多少強引ではあっても、明示しました。こんなことを言われたら、帰ってこないわけにはいきません。相手を理解し、共感し、目指す目的地を共有する。羌瘣《きょうかい》が信《しん》の同志として共に戦うことを決定づけた場面です。

人を巻き込もうとするリーダー自身の熱量

そしてそもそも、人に協力を求め、仲間になるように迫り、共に戦う覚悟を決めてもらう**リーダー本人に、他者を巻き込むだけの熱量があるかどうか**が問われます。

『キングダム』に登場する将軍やリーダーたちは、誰もがすごい熱量を持って、部下に檄を飛ばします。特に開戦前には熱いシーンが多いのですが、原先生は理想とするリーダーの条件として、声が通ることを挙げられていました。これから命懸けで戦うという場面で、兵たちを一気に奮い立たせるには、将軍の声が大切なのでしょう。

私はこれをリーダーの持つ熱量と考えたいと思います。声の質もあるわけですが、そもそも声を張るためにはその人の内に熱がなければならない。

たとえば、成蟜《せいきょう》の反乱に対し、山の民と王宮に乗り込んで玉座を奪還しようとするものの、苦戦を強いられる中、政《せい》が「勝利は目前だぞ！」と断言するシーン。〈第四巻　118P〉

昌文君《しょうぶんくん》も壁《へき》もおらず、山の民は強力ではあるものの、あくまでも助っ人であって、全体の士気を上げるリーダーがいません。そこで熱い声を上げたのが政《せい》です。

そうなると負けていられないのが信《しん》です。王騎《おうき》将軍直属の特殊百人部隊の将となった信《しん》が発するこの言葉です。「俺達が力を束ねればどんな敵にも立ち向かえる！」〈第十一巻　100P〉

百人将デビューですから、熱くなるのも当然ではあります。信《しん》が王騎《おうき》将軍からうまくエンロールされた結果と言えなくもないですが。

さらに、蒙驁《もうごう》将軍から敵将の首を獲ることを条件に千人将に格上げされた時の信《しん》は、敵の

総大将、「廉頗《れんぱ》の首を獲る」と声を上げ、千人もの部隊を熱くしました。〈第十九巻 106P〉

このシーンに、原先生の将の声についての言葉もあります。信《しん》の声は、よく通り、その熱がひしひしと伝わったと。絵からも熱が伝わってくるようです。

再び、政《せい》です。

李牧《りぼく》が起こした合従軍《がっしょうぐん》によって窮地に立たされた秦《しん》の王宮において、昌文君《しょうぶんくん》、昌平君《しょうへいくん》を除いて思考停止になっていた状況で、反対勢力である呂氏《りょし》一派も巻き込んで政《せい》の一喝で目を覚まさせるシーンです。〈第二十五巻 62P〉

「今ここにいる三十人程が秦《しん》国全国民の命運を握っているのだ」という王としての意識、リーダーとしての覚悟によって、諦めかけていた臣たちを覚醒させたのです。

最も声が大きく、熱い檄を飛ばすのは、楚《そ》将・汗明《かんめい》を迎え撃つ蒙武《もうぶ》です。〈第二十七巻 205P〉

根拠も何もあるわけでもないのに、「俺が全中華最強の男 蒙武《もうぶ》だ!!」と断言する自信とそれに伴うオーラ。やはり、フォロワーの立場からは、ついていくリーダーが強い方がいいに決まっています。自信が過信や慢心になってはいけませんが、リーダーたるものこれくらいの熱い自信を示したいものです。

リーダーの熱量は、信《しん》で締めくくりましょう。

王宮内にいる政《せい》の子供を救うべく、信《しん》が飛信隊《ひしんたい》ならびに蕞兵《さいへい》に対して檄を飛ばすシーンです。呂氏《りょし》陣営を相手に戦うだけでなく、幼い子供を狙う卑怯なやり方に対する怒りの熱量も加わって「死力を尽くして秦《しん》国大王の御子を助けに行くぞォ‼」と熱い雄叫びを上げました。

〈第三十九巻　119P〉

人を巻き込むためには、まずリーダー自身が本気であり、熱くなっているということを示す必要があります。口先だけで相手をだましてうまく利用してやろうという姿勢では、人を本気にさせることができません。「リーダーさんのお手並み拝見」とばかりに様子見の中途半端な協力をしてもらったのでは、同志になったとは言えませんから。

そして、本気であることを示す熱量は、言葉と態度で伝えなければなりません。『キングダム』の熱さを取り込んでいきましょう。

生きてる奴も死んでる奴もっ
全員まとめてきっちり百等分だ!!

第二章

リーダーの条件②
率先して範を示せるか

将軍自ら
先頭を行くとき
王騎軍は
鬼神と化すと!!

王騎《おうき》自らが先頭に立つことによって、組織の熱量を高め、絶対的な信頼感を生み、その軍は圧倒的強さを持つようになる。〈第七巻　37P〉

人を巻き込み、同志として仲間を増やしたとしましょう。リーダーの熱い火がフォロワーに着火したわけです。最初は勢いよく燃え上がるかもしれません。

しかし、フォロワーはあくまでも、火をつけられたら燃える人であり、自ら火をつけ燃やす人ではありません。放っておけば、段々と火が弱くなり、消えそうになってしまう可能性もあります。そこで必要になるのが、**リーダー自身が火を噴くこと。**率先垂範《そっせんすいはん》です。

口先だけ、理屈だけ、言葉だけ、声だけでも、人をその気にさせるだけなら可能でしょう。しかし、実際の戦いは、口先だけ、理屈だけでは進みません。**イザという時、リーダー自らが先頭に立って範を示すことができるかどうか。率先垂範《そっせんすいはん》力が、リーダーの条件の二つ目です。**

苦しい時こそ先頭に立つ

率先垂範《そっせんすいはん》が大事だからと言って、何でもかんでもリーダーが先頭に立たなければならないわけではありません。それでは部下が育たないし、部下にチャンスを与えることもできないからです。部下にやらせるより自分がやった方が早いからと、なんでも自分でやっていては組織としての成長もありません。

しかし、**苦しい時、困難な事にぶち当たった時、初めての局面、まだフォロワーが充分に納得していない半信半疑の時、リーダーが現場に降り、先頭に立ち、率先垂範《そっせんすいはん》して道を切り拓かなければならない。**

山の民の助けを得て、王宮までたどり着いた政《せい》は、五十人だけで朱亀《しゅき》の門をくぐります。絶対的に不利な状況で、五十人中四十人は助っ人の山の民です。「この戦《いくさ》の第一刃《だいいちじん》にふさわしいのは唯一人《ただひとり》」政《せい》です。〈第三巻　168P〉

政《せい》が自ら第一刃を振るったことにより、山の民が一気にその力を発揮します。そしてもちろん信《しん》も。政《せい》のために王宮を奪還しようとしているのに、政《せい》が後ろでふんぞり返っていては、いくらその戦《いくさ》に意義があっても気合が入らないでしょう。

リーダーが先頭に立つからこそ、組織全体の熱量が高まり、炎が燃え上がり、困難に立ち向かう闘志が湧いてくる。

それを最も体現したと言って良いのが王騎《おうき》将軍でしょう。〈第七巻　37P★〉

「将軍自ら先頭を行くとき王騎《おうき》軍は鬼神と化す」

このリーダーなら間違いがない。このリーダーについていけば必ず勝てるはずだ、というフォロワーの絶対的な信頼感があってこそ鬼神とまで呼ぶレベルで燃え上がるのでしょうが、厳しい局面で王騎《おうき》が先頭に立つからこそ、そうした信頼感が醸成されたとも言えるでしょう。

〈第十五巻　130P〉

イザという時には、皆の先頭に立ち、さらっと「私ですよ」と言いながら、道なき道を切り拓いていける王騎《おうき》のようなリーダーを目指したいものです。

リーダーも頑張っているからこそ頑張れる

王騎《おうき》将軍のような絶大な信頼がなければリーダーとして認められないと考えてしまっては、新たなリーダーは現れないことになります。王騎《おうき》も最初から絶大な信頼を得ていたわけではないでしょう。

多少、頼りないながらも、**リーダー自らが先頭に立って、自分たちの何倍も頑張っている、苦しんでいる、努力していると感じた時、「俺たちもやるしかない」とフォロワーの火が燃え上がる**ことがあります。

馮忌《ふうき》親衛隊に迫る飛信隊《ひしんたい》は少人数で斬り込んで行くものの、今にもぶっ倒れそうになりま

す。〈第十二巻　127P〉

しかし、そこで先頭に立って敵を斬りまくる隊長・信《しん》の姿を見て、隊員たちは「再び全身に力がみなぎる」のです。信《しん》に対する絶対の信頼というよりも、現実に目の前で必死に頑張っている信《しん》の姿に対する信頼でしょう。言葉や理屈ではなく、目の前で見えている現物の力です。

リーダーもあれだけ頑張っているのだから、弱音を吐いているわけにはいかないとなるわけです。

また、蕞《さい》の籠城戦でも、絶体絶命のピンチを迎えた飛信隊《ひしんたい》は、隊長・信《しん》の率先垂範《そっせんすいはん》でやるしかない状況に追い込まれます。〈第三十二巻　94P★〉

大王・政《せい》が大量出血で意識がなくなりそうなのに現れて皆を鼓舞し、蕞《さい》の民兵たちは兵士顔負けの奮闘をしてきています。それがあった上で、さらに信《しん》の言葉。

まず民兵たちについて、「はっきり言って民兵達は十持ってるうちの二十を出しきった」と告げます。十のうち十ではなく、二十。持てるものの倍を出したと。

そして、飛信隊《ひしんたい》に「だったら俺達は十持ってるうちの三十を出す」と言い、持てるものの三倍を出せと要求します。

ここまでだったら、「そんな無茶な」で終わりです。十の力しかないものを二十出せとい

はっきり言って
民兵達は
十持ってるうちの
二十を出しきった
だったら俺達は
十持ってるうちの
三十を出す
!
!
!
ちなみに俺は
百を見せてやる！

絶体絶命の戦いでも、信《しん》は無茶な目標を自らに課すことによって、リーダーが頑張っている姿を示し、後に続く者の気持ちを鼓舞し逆転を目指す。〈第三十二巻　94P〉

うのもおかしな話なのに、さらに三十を出せというわけですから。「そんなの出来るわけないでしょう」「なにを勝手なことを言っているんですか」でおしまいです。

しかし、信《しん》は続けて「ちなみに俺は百を見せてやる！」と言って先頭に立ちます。こう言われてはやるしかない。三十を無理だと言えないわけです。リーダーが百やると言うわけですから。

これによって冷静に現状を見極め、あきらめかけていた軍師・貂《てん》も飛信隊《ひしんたい》に敵の殲滅を指示したのです。

信《しん》のライバル・蒙恬《もうてん》も負けてはいません。

楽華隊《がくかたい》、玉鳳隊《ぎょくほうたい》、飛信隊《ひしんたい》の共同戦線で、敵将・輪虎《りんこ》を討とうとした蒙恬《もうてん》は、楽華隊《がくかたい》を「よろしく頼むよ」と鼓舞して終わったわけではなく、自ら先頭に立って楽華隊《がくかたい》においてもつぶれ役となりました。**〈第二十巻 168P★〉**

隊長自ら奮闘する姿を見て、楽華隊員《がくかたいいん》たちも「まだまだァ‼」と奮い立ちます。リーダーも頑張っているからこそ、フォロワーも頑張れるのです。

普段は飄々としている蒙恬《もうてん》も、敵将を討つという目的のため、自ら先頭に立ち、つぶれ役になることによって、自軍の士気を高めた。〈第二十巻　168P〉

部下が育たなくなるという言い訳で現場に降りられなくなっていないか

ビジネスの現場で、「部下が動かない」「言ってもやらない」「知識や技術が足りない」「そもそもあいつらやる気がないんですよ」と、上司としてうまく部下を動かせないことを、部下のせいにする人が少なくありません。

たしかに、問題のある部下もいます。やる気のない部下もいます。それを部下のせいにするのは簡単です。しかしそこで部下を動かしてこそ上司として、リーダーとして存在価値を発揮することができるわけです。

そうすると今度は、「言ってもやらないなら自分でやった方が早い」「あいつらじゃ無理だから俺がやる」と、上司がやるべきではないような細かな仕事までやろうとする間違った率先垂範《そっせんすいはん》をしたりします。それはもう率先垂範《そっせんすいはん》ではなく嫌みです。

ところが、もっと困ったことに、上司が細かいことに口出ししていては部下が育たないという何とももっともらしい言い訳をしながら、現場が分からない、イザという時に役に立たない、現場に降りられなくなったような人もいます。こうなったらもうただのお飾りで、まったくもって存在価値がないことになってしまいます。

リーダーたる者、口先の理屈をもっともらしく言っているだけではダメなのです。

麃公《ひょうこう》が龐煖《ほうけん》によって討ち取られ、合従軍《がっしょうぐん》を迎え撃つ将軍もいなくなり、蕞《さい》で一般人を民兵として戦うしかないという状況に追い込まれた時の政《せい》は、まさに、イザという時に現場に降り、将軍として蕞《さい》に向かいました。〈第三十巻　208P★〉

将軍でもない国王が、現場に降り、最前線に向かうなど普通は考えられないことです。しかし、王宮でじっとしているだけでは、座して死を待つのみ。こういう追い込まれた状況で、現場に立てるだけの率先垂範力《そっせんすいはんりょく》を持ちたいものです。

蕞《さい》に着いた政《せい》は、蕞《さい》の人々に語りかけます。そして、母と妹を守るために「オイラは戦うっ」と声を上げた少年には「共に戦えることを誇りに思うぞ」と答えます。現場に降り、一般の民衆の目線にまで降りて、共に戦う姿勢を示したわけです。

もちろん、国王が一般人と一緒になって戦うというあまりのことに、蕞《さい》の人々は、「大王様は咸陽《かんよう》へ戻って下さい」と訴えます。しかし、政《せい》は、「戻るものか」「共に血を流すために俺は来たのだ」と答えました。〈第三十一巻　57P〉

当然、蕞《さい》の民衆は奮い立ちます。

一般人を民兵として戦わせるしかないという状況に追い込まれた蕞《さい》に、国王・政《せい》が自ら出陣する。これによって民兵の戦意が燃え上がる。〈第三十巻　208P〉

普段、現場に降りてくるはずのない、高い位置にいるはずのリーダーが、現場に降りて共に戦うからこその力です。

また、本来は軍師として、現場に降りないはずの昌平君《しょうへいくん》が、反乱軍に王宮まで迫られた窮地に、自ら兵を率いて現れて、敵将を斬った場面も印象的です。**〈第四十巻 114P〉**

軍師や参謀、コンサルタントといった存在は、普段現場から遠いところにいて、理論・理屈、知識や情報、智謀によって作戦を練っているイメージです。私も経営コンサルタントとして、よく「理屈だけでしょ」「やったことないんでしょ」と批判的な目で見られることがありますからよく分かります。企業においても現場の人は、経営コンサルタントを見て、「また何かエラそうな理屈野郎が来たな」といった反応を示すことが少なくありません。冷めた目であったり、反抗的な目で見られる感じです。

そういう時には、一撃必殺。バチンと実際にやってみせ、力量を示す必要があります。「こいつ、理屈だけじゃないな」と思わせないといけない。秦《しん》軍総司令・昌平君《しょうへいくん》のように。

まぁこんなにカッコよくはいきませんが……。

リーダーになり、上司となり、地位が高くなっても、**イザという時には、現場に降りて泥臭く戦えるよう準備しておきましょう。**

第三章

リーダーの条件③　先を見通し細部まで気を配れるか

李牧《りぼく》の言った見切りとは
秦《しん》軍の弱体化
函谷関《かんこくかん》突破から咸陽《かんよう》陥落までの期日の逆算
延戦のリスク
それらを秤《はかり》にかけて

合従軍《がっしょうぐん》を指揮する李牧《りぼく》は、函谷関《かんこくかん》へ総攻撃をかける十五日というタイミングを細部を見渡し決定した。〈第二十七巻　191P〉

リーダーや経営者、将軍や国王などは、豪放磊落《ごうほうらいらく》な大人物で、小さなことや細かいことにうるさくないようなイメージがあるかもしれませんが、実際には結構細かい人が多いものです。

小事をおろそかにする人は大事を成せないのです。小さなことを軽んじてしまうと、調子よくいっている時にはいいのですが、足元をすくわれることがあるのです。勢いのある時には何とかなっても、少し勢いに陰りが出てくると、細部の綻びが目立つようなことになるのです。

「蟻の一穴」という言葉があります。蟻の開けた小さな穴であっても、それが原因となって大きな堤防や壁が崩れてしまうことがある。これくらい大丈夫だろうという油断が大敵なのです。

また、「神は細部に宿る」という言葉もあります。建築家の言葉だと言われていますが、細部にまで気を配り、目立たないような箇所まで仕上げを怠らないことが大切だということでしょう。大きくて立派な建物だと、全体の見た目や印象に目を奪われがちで、細かい部分にまで神経が行き届かないことがありますが、一流の建築家によるものは、一見して分かりづらいところまでとても細やかな仕事がなされているといいます。全体像は立派でも、細かいところが雑になっては価値は半減です。

リーダーや将軍は、組織を率い、率先垂範《そっせんすいはん》で先頭に立って獅子奮迅の活躍をすると同時に、先を見通し、細かいことまで考え尽くして、組織全体を保全し、運用しなければならないのです。**リーダーの条件、三つ目は、細心配慮力です。**

無謀に見えても細部まで気を配る

勢い先行で、とにかく先頭に立って突っ込んで行く信《しん》も、将軍を目指すためには細かいことまで考えないといけないのだなと気付く瞬間がありました。

蛇甘平原戦《だかんへいげんせん》において敵の副将・宮元《きゅうげん》を討つためにわずか四十六名で突撃しようとする縛虎《ばくこ》申《しん》の細心さに気付いた時です。**〈第六巻 165P〉**

危険を顧みない、激情型の将であると見られていた縛虎申《ばくこしん》が、勢いだけで突撃するのではなく、地形や相手の動きなどにも配慮して指示するのを、信《しん》が聞いていたシーンです。

「そっか将ってのは腕っぷしだけじゃダメなんだな」と気付いた後に、「まいったな…」と言っているのは信《しん》らしいところです。

また、信《しん》は王騎《おうき》将軍からも本能のままに動くのではなく知略も必要であることを学びます。

本能型の麃公《ひょうこう》と知略型の魏《ぎ》将・呉慶《ごけい》の戦いで、知略対本能が武将における永遠の題目だと指摘されました。**〈第七巻　62P★〉**

ここで王騎《おうき》に本能型と評価された麃公《ひょうこう》ですが、合従軍《がっしょうぐん》との戦いにおいて、焦って戦おうとする信《しん》の元へ、酒を持って現れて、「戦況を見るということは自軍の余力を見ることも含む」と諭します。**〈第二十八巻　180P★〉**

本能型で、無謀な戦いをしているように見える麃公《ひょうこう》も、実は冷静に細部まで考えているのです。「そこを抜かすと味方を多く殺すぞ」という指摘は、まさに多くの兵や部下を率いるリーダーが肝に銘ずべきものでしょう。

自分一人なら、命懸けで無謀な戦いをしても、死ぬのは自分だけです。細かいことを考えずに、勢いで突っ込めば良いでしょう。しかし、**部下を守り、組織全体を活かして敵に勝つためには、敵の状況も味方の状況も見極めて、どう動くべきかを冷静かつ客観的に決めなければなりません。**

まさに孫子《そんし》の兵法の、「彼《かれ》を知《し》り己《おのれ》を知《し》らば、百戦殆《ひゃくせんあや》うからず」です。

〝知略〟対〝本能〟！
これは武将の中の
永遠の題目ですよォ

王騎《おうき》は麃公《ひょうこう》対呉慶《ごけい》の戦いを例に取り、「知略対本能が武将における永遠の題目」としながら、リーダーには本能だけではなく知略も必要だと説く。〈第七巻　62P〉

もちろん
酒じゃア
ドン
うわっ

その麃公《ひょうこう》も合従軍《がっしょうぐん》との戦いにおいて、信《しん》に細部まで見ることの重要性を諭す。〈第二十八巻　180P〉

先を見通してこそ細部を詰められる

では、ただ細かければ良いのか、というとそうではありません。あくまでも先を見通した上で、細かいところまで配慮できなければならない。そのために、リーダーはそこから先の展開を読み、敵をこちらに有利な状況へと進ませ、自軍の準備を進めておく必要があります。

趙《ちょう》国将軍で、軍師並みの戦術眼を持つと言われた〝頭脳〟の馮忌《ふうき》は、細部まで練り込んだ自らの戦術で秦《しん》軍を追い詰めたと自負していたものの、実はそれが王騎《おうき》の術中にはまっていたことに気付いて愕然とします。〈第十二巻　199P〉

王騎《おうき》の副将・騰《とう》は「馮忌《ふうき》は戦術好きがあだとなりましたな」と王騎《おうき》につぶやきます。先を見通し細部まで詰めていく力が、王騎《おうき》と比べて劣っていたわけです。

細部をどう詰めないといけないか、小さな事でも、全体像が見えていないと判断できないことがあります。小事だから、細部だから、部下に任せておく、という単純な判断ではダメなのです。

ビジネスの世界でも、「細かいことは部下に任せて、何かあれば言ってくるように指示しています」などと言う経営者や管理者がいます。細かいことは本人に判断させるというのは良いのですが、何かあればという何かとは何か。そこが明確でなければ結局、部下を放任、放置したに過ぎません。**細かいか大きいかの判断は、先を見て、全体像が分かっていてこそ判断できるものだからです。**

先を見通して細部まで詰めると言えば、趙国三大天《ちょうこくさんだいてん》の一人・李牧《りぼく》を挙げないわけにはいきません。

秦《しん》との戦いにおいて、王騎《おうき》将軍を最後は追い詰めることになる作戦を立てた李牧《りぼく》は、二十万もの匈奴《きょうど》軍を撃破したことを情報封鎖によって隠しながら、龐煖《ほうけん》が趙《ちょう》将になる情報だけは流して、王騎《おうき》を引っ張り出しました。〈第十五巻 143P〉

龐煖《ほうけん》との死闘により致命的な傷を受けた王騎《おうき》が、信《しん》と共に死地を脱しようとする時には、王騎《おうき》の首を獲ろうとする部下に、「亡骸《なきがら》を辱《はずかし》めるよりこれ以上 味方に犠牲を出させぬことの方が大事ではないのか！」と一喝し、王騎《おうき》の死は秦《しん》軍を徹底抗戦させるものになるとの読みを説明します。〈第十六巻 173P★〉

目先のことだけを考えず、先の先を見通しつつ、兵たちの心理といったことまで配慮したわけです。

そして、呂不韋《りょふい》から人質の交換に咸陽《かんよう》まで来るように仕向けられた際には、自らを「小さ

い男」と説明します。〈第十七巻　53P〉

それを聞いた呂不韋《りょふい》は、「貴殿が自分で小心者というのはかまわぬが、それは人の大きさを表すものではない」と喝破します。一見、気が小さくて、細かいことを気にしていると、人として器が小さいように見られることがあるわけですが、実は違うのです。

人から「小心者だな」「気が小さいな」と思われるのではないかといったことなど気にせず、必要なことは細かいことでも手を出し、口を出し、あるべき状態を実現しようとするところにこそリーダーとしての資質があるのです。

ビジネスにおいても、リーダーが「質」への執着を見せてこそ、その組織が生み出す商品やサービスの品質が向上していきます。リーダーが細かい傷や小さなミスを見逃さないからこそ、全員が質に対する意識を高めていくのです。

もし、リーダーが「いいよ、いいよ、何でもＯＫ」と小さいことを気にせずニコニコしているだけだと、その場では「うちのリーダーは大らかでいい人だ」となるかもしれませんが、「質」の向上には結び付かないのです。

合従軍《がっしょうぐん》を組織して秦《しん》を追い詰める李牧《りぼく》が小心者であるはずもなく、函谷関《かんこくかん》への総攻撃を仕掛ける際には、十五日目というタイミングを、「秦《しん》軍の弱体化」「函谷関《かんこくかん》突破から咸陽《かんよう》陥落ま

亡骸《なきがら》を辱《はずかし》めるより これ以上 味方に犠牲を 出させぬことの方が 大事ではないのか！

致命傷を負った王騎《おうき》の首を狙う部下を踏みとどまらせる。先を見越してのこと。〈第十六巻　173P〉

だが趙が著雍《ちょよう》と山陽《さんよう》を取り 魏《ぎ》に売るということは考えられる
万が一 趙が南下して来たら 著雍を取っても ここの軍で対応に 動かざるをえぬ
そうなれば 秦《しん》の魏・趙戦線は ボロボロだ

目の前の戦いだけでなく、他国の情勢も考慮した戦略を進言する王賁《おうほん》。〈第三十五巻　168P〉

での期日の逆算」「延戦のリスク」を秤にかけて意思決定したと楚《そ》の春申君《しゅんしんくん》に説明します。**〈第二十七巻　191Ｐ★〉**

やはり細かいところまで考えて、意思決定しているわけです。

秦《しん》国の若き将たちも負けてはいません。王《おう》一族の王賁《おうほん》は、著雍《ちょよう》争奪戦において、独自の戦略を将軍である騰《とう》に進言して、取り上げられます。**〈第三十五巻　168Ｐ★〉**

目の前で戦おうとしている魏《ぎ》だけでなく、父・王翦《おうせん》が対峙している趙《ちょう》のことも考え、万が一でも趙《ちょう》が南下してきた場合にどうなるかといったことまでシミュレーションして見せました。細心配慮力です。

自らの弱みを把握すれば補える

細心配慮力は大丈夫そうでしょうか？　「細か過ぎるぅ〜」と思ってしまいますか？

案外、リーダータイプの人で、この細かいこと、小さいことが苦手という人がいます。惜しいです。いい線行っているのに。しかし、**細かいことにも配慮ができないとリーダーとしては失格なのです。**

五千人将になりながらも、先輩・隆国《りゅうこく》からの細かい指導に辟易とする信《しん》。しかし、こうした細かい指導が、自分の弱点を消してくれる。〈第三十八巻　68P〉

そこで、どうしても苦手、無理、という人のために方策を示しておきます。

細かいことや小さいことが苦手、細部まで気が回らないという弱みを自ら認め、肝に銘じていれば、その弱みを補ってくれる人間を使うことで弱点をカバーすることができます。

たとえば、五千人将になった信《しん》は、隆国《りゅうこく》からの細かい指導を受けて、落ち込んでしまいました。**〈第三十八巻　68P★〉**

逆に、こういう細かい上司や先輩に近づき、彼らからの指導を自分の弱みを消すために利用するのです。**敢えて口うるさい人を身近に置くわけです。**

細かく、几帳面な副官を置くのもいいでしょう。信《しん》の場合には羌瘣《きょうかい》でしょうか。ビジネスで言えば、優秀な秘書やアシスタントがいてくれる感じです。

もちろん、軍師やコンサルタントも、自分の弱みをうまく補ってくれる人がいてくれると助かります。信《しん》の場合には、河了貂《かりょうてん》がそうです。

大切なことは、こうした人たちは、耳の痛いことを言うということです。自分にとってはイヤなことを言ったりします。信《しん》が隆国《りゅうこく》を煙たく思うように。

そこで、その箴言《しんげん》に対して反発したりすることなく、素直に受け入れ、参考にすることができれば、細心配慮力の弱さを補うことができるのです。

第四章

リーダーの条件④ 合理的に考え時に非情になれるか

よいか皆の者
軍脚を乱す者は
直《ただ》ちに離脱させる旨《むね》
肝《きも》に銘《めい》じておけィ

目標達成のために、倒れる兵達を見捨てる決断をする昌文君《しょうぶんくん》。時には合理的で非情な判断をする瞬間がある。〈第二巻　143P〉

リーダーには、周囲から「冷たい」とか「ひどい」とか「卑怯だ」とか「汚い」などと非難され、不満が沸き起こったとしても、合理的に、情を排し、冷徹な判断をしなければならない時があります。

組織にはいろいろな人がいて、いろいろな立場がありますから、それぞれがそれぞれの都合で勝手なことを言ってきます。それをいちいち全部聞いているわけにはいきませんから、リーダーは全体を見て判断するわけですが、それが人によっては、「冷たい」と思われたり、「ひどい」と言われたりすることになるわけです。

そうした批判や非難に対してひるむことなく、ビシッと意思決定できるかどうか。それが**リーダーの条件、四つ目、非情合理力です。**

常に目的に照らして考える

リーダーは何に対して合理的であらねばならないのか。それは目的です。その戦い、その業務、その戦場、その現場、その組織には、常に目的があります。その戦いは何のための戦いか、その仕事は何のための仕事なのかを、リーダーは常に考えておかなければなりません。

歩兵が全滅しそうになっていることを心配する壁《へき》に対して、縛《ばく》虎《こ》申《しん》が厳しく問いかけます。〈第六巻 102P★〉

何のための戦いかと問われれば、魏《ぎ》軍に勝利するために決まっています。そのための歩兵であって、歩兵のために戦っているわけではありません。

さらに、敵陣に迫るスピードを上げるため、歩兵を切り離そうとする縛《ばく》虎《こ》申《しん》に対して、信《しん》が疑問を発するシーン。〈第六巻 176P〉

縛《ばく》虎《こ》申《しん》は信《しん》に、「先陣も後陣も騎馬も歩兵も等しく死線の上にいる　全ては勝利のためにそれが〝軍〟というものだ」と教えます。

情に流されて、判断を誤ってはいけないわけです。

それがついつい戦いの場、現場においては、カッと感情的になって冷静な判断ができなくなることがあります。

そんな中で、一人冷静に函谷関《かんこくかん》を突破するという目的に照らして手を打ったのが、楚《そ》の媧《か》燐《りん》です。〈第二十九巻 202P〉

秦《しん》将・騰《とう》を追い詰めたことで、退却命令に対して感情的になって、異論を唱える項翼《こうよく》に「騰《とう》や蒙武《もうぶ》の首がこの戦いの目的なら最初から媧燐《かりん》様はそうしてんだよ」と言い放ちます。

ただ敵を倒すことではなく、その戦いにおける目的とそれを実現するキーファクターは何かを考えていたわけです。

一方、直情型の信《しん》は、部下思いなだけに、なかなか非情になれないのですが、副長の渕《えん》に促され、助けられます。〈第十二巻　140P〉

信《しん》は、飛信隊《ひしんたい》を二つに分けて、精鋭部隊を趙《ちょう》将・馮忌《ふうき》の元へ送るべきだと進言されても、渋ってしまいます。残った部隊が全滅する恐れがあるからです。そこを渕《えん》副長が、自らその後方部隊に残る決意を伝えることで、信《しん》の決断を促します。副長・渕《えん》も立派なリーダーです。

さらに、河了貂《かりょうてん》が魏《ぎ》の凱孟《がいもう》に人質として捕らわれた際にも、渕《えん》から冷静な進言を受けます。〈第三十六巻　68P★〉

河了貂《かりょうてん》が捕らわれたことで動揺してしまっている信《しん》に対して、貂《てん》のことだけでなく、そもそもの作戦について考えるべきだと言うわけです。信《しん》と貂《てん》の関係性を知っている部下であれば、なかなか言いにくい。リーダーとはどうあるべきかを考えさせられるシーンです。

歩兵が全滅しかけていることを気にする壁《へき》に対して、本来の目的を問い質し、非情な答えを出す縛虎申《ばくこしん》。情に流されると本来の目的を見失う。〈第六巻　102P〉

河了貂《かりょうてん》が人質に取られ動揺する信《しん》に、本来の目的を説く渕《えん》。〈第三十六巻　68P〉

リーダーの判断が全体の生死を分ける

人質問題は、羌瘣《きょうかい》の人質交換という案によって、河了貂《かりょうてん》を無事奪還して終わりましたが、**リーダーの判断次第で、軍全体、組織全体の生死が決まってしまうということを意識しておく必要があります。**

仮に部下が一人だけなら、その部下を救うことが、そのリーダーと部下で構成される組織全体を救うことになります。河了貂《かりょうてん》が人質になってしまった時、信《しん》と河了貂《かりょうてん》の二人だけなら、信《しん》は迷うことなく貂《てん》を助けに行ったでしょう。

しかし、部下は一人だけではない。組織が大きくなればなるほど、目の前の一人を救うことが他の部下に悪影響を及ぼす可能性が出てくるのです。自分に従ってくれている部下が目の前で窮地に立っていれば、誰だって助けたいと考えるでしょう。しかし、他にも部下がいる。その目の前の部下のために、他の部下はどうなってもいいのかと問われれば、リーダーはやはり全体のことを考えなければなりません。つらい選択ですが、これが非情合理力です。

王騎《おうき》将軍も信《しん》にそうした将としてのシビアさを教えています。**〈第七巻　79P〉**

麃公《ひょうこう》と魏《ぎ》将・呉慶《ごけい》の戦いを信《しん》と共に見ていた王騎《おうき》は、二人の将軍が全体の戦況を導き出していることを信《しん》に教えます。「戦は武将しだい」だと。
その後、麃公《ひょうこう》が呉慶《ごけい》に詰め寄り、知将として知られ個人としての武では麃公《ひょうこう》に敵わないと見られた呉慶《ごけい》が、退却する道もあったにもかかわらず一騎打ちに出ます。かつて小国の王族であった呉慶《ごけい》の心が退却を良しとしなかったわけです。非情でも合理的でもなく、感情的な判断をしたのです。麃公《ひょうこう》はそれを「下らん負け犬の感傷だな」と言い、将としてのあり方を示します。〈第七巻　163P〉
やはり呉慶《ごけい》は敗れてしまうわけですが、将を失った魏《ぎ》軍は、秦《しん》軍三千に対して五万という圧倒的優位にあるにもかかわらず退却していきます。リーダーの判断によって全体の生死が決定するのです。
そうした経験を通じて、信《しん》も成長したのでしょう。その後、趙《ちょう》との戦いにおいて、飛信隊《ひしんたい》の半数ほどを失ったところで、王騎《おうき》将軍から「つらいですか?」と問われて、犠牲になった部下たちは、信《しん》が悲しんでここで足を止めてしまうようなことを絶対に望んでいないはずだと答えます。〈第十四巻　200P★〉
そこで王騎《おうき》に褒められます。そして「武将への道は犠牲の道です　そこを乗り越える度に人も隊もより強くより大きくなるのです」と教わるわけです。

自軍の兵士を半数ほど失った信《しん》へ「つらいですか？」の問い。その答えに成長を感じる王騎《おうき》。リーダーは時には非情であらねばならない。〈第十四巻　200P〉

信《しん》の下に、軍師として戻ってきた河了貂《かりょうてん》も、初めての実戦に際して、この「人を犠牲にする」という重圧を感じます。「これが戦場の空気か」と。〈第二十三巻　147P〉

机上で、疑似駒《ぎじごま》を動かしているだけの軍師見習いと、実戦で人の命を取り合う本物の軍師の違いです。しかし、軍師の一言で、将軍の意思決定が変わることもあるわけですから、軍師も将軍に準ずる非情合理力を持たなければなりません。軍師という立場から言えば、将軍以上に冷徹な判断ができないといけないのです。

このあたりは、ベテランの経験がものを言うところでもあります。修羅場をくぐった数が必要なのでしょう。

魏《ぎ》の軍略家・玄峰《げんぽう》は秦《しん》を相手に優勢でありながら、信《しん》らの決死の突入を見て、あっさりと退却を指示しました。〈第二十巻　74P〉

「あまり欲を出すと早や死にするでな」と、飄々と撤退していくところは、まさに軍略家らしいところであり、廉頗《れんぱ》からも「武将特有の意地のようなものは持ち合わせておらぬ」と評されます。

リーダーの判断が全体の生死を分けるのですから、**意地や面子で判断を狂わせてはいけないのです。**

ネガティブな決断はリーダーにしかできない

みんなで力を合わせよう、お互い助け合おう、楽しくやろう、前に進もう、元気を出そうといったポジティブな意見は誰からでも出てきますし、誰しもが賛同しやすいものです。前向きな時には、みんなに意見を求め、衆知を集めて、相談や議論をするのはいいでしょう。しかし、みんなで議論をする際に、ネガティブな決断はしにくいものです。

ポジティブで前向きな誰でもが賛同するような決定は、みんなの多数決でも決まりますが、**ネガティブな意思決定はリーダーにしかできません。**

王弟・成蟜《せいきょう》の反乱時に、山の民に助けを求めるべく険しい山を登って行くと、体力の限界を迎えた兵達が歩けなくなりました。優しい壁《へき》などは「肩をかしてやれ」と指示したりするわけですが、昌文君《しょうぶんくん》は、「軍脚が乱れる」としてそれを許しません。**〈第二巻　143P★〉**

仲間を見捨てるような話ですから、周囲の人間は驚いてしまいます。こうした決断はリーダーにしかできません。そもそもこの前に、昌文君《しょうぶんくん》は政《せい》から「ついて来れぬ者が出てくるだろうが構っている余裕はないぞ」と釘を刺されています。リーダー故の苦渋の決断です。

国王である政《せい》は、常にシビアな判断をします。呂不韋《りょふい》と太后《たいこう》の姦通が発覚した際に、太后《たいこう》の評判も落ちてしまうことを心配した昌文君《しょうぶんくん》に対し、「己の身を切る手段であっても躊躇はしない」と言い切りました。〈第十八巻　68P〉

多くの部下を抱えて絶対に勝たなければならないという覚悟を持っているリーダーだからこそ言える言葉でしょう。

このような決断はたとえ思ったとしても部下からは言えません。部下からは言えない以上、リーダーが決断するしかないのです。

王騎《おうき》の後を継ぐ騰《とう》も、将軍にしかできないネガティブな決断をします。楚《そ》の媧燐《かりん》による戦象攻撃によって危機に陥った録鳴未《ろくおみ》軍と干央《かんおう》軍に対し、援軍を出すように要請された騰《とう》は、「援軍は送らぬ」と決断します。〈第二十八巻　64P〉

誰も優秀な部下を見殺しになどしたくはないのです。困った部下を助けてやる方が、部下からのウケもいいでしょう。しかしそれで全軍を危機に陥れてしまってはリーダー失格なのです。

逆に、**敢えてリスクを冒すというネガティブな判断もリーダーならではです。**

信《しん》のライバル・王賁《おうほん》は、魏《ぎ》の紫伯《しはく》との戦いにおいて、敵から包囲されそうになり、部下の関常《かんじょう》から一度退却することを進言されます。しかし、そのまま突撃して敵将の首を獲ることを決断します。

それに対して関常《かんじょう》も引かず、「捨て身が過ぎる」とまで諌めるのですが、王賁《おうほん》は冷静な判断による命令であって、「決して捨て身などではない」と言い切ります。〈第三十六巻 125Ｐ〉

こうしたギリギリの決断もまた、リーダーにしかできないものです。そこに本当に勝てる見込み、勝ち筋が見えていなければ、ただの暴挙でしかありません。王賁《おうほん》は「戦《いくさ》に私情は持ち込まぬ」と言っていますが、どうでしょうか。いずれにしても紙一重の厳しい決断です。

血も涙もないと言われても合理的な判断をする

リーダーの非情合理力に基づく意思決定は、なかなか常人には理解されないことがあります。善悪などを超えて究極の決断をする時、「人としていかがなものか」と非難されたり、「血も涙もない」と評されたりすることもあります。

楚《そ》の総大将・汗明《かんめい》との壮絶な一騎打ちを制した蒙武《もうぶ》は、父のために一騎打ちに飛び込み、

息子が瀕死の重傷を負おうとも、敵に突撃をかける蒙武《もうぶ》。時には血も涙もないと言われようと非情かつ合理的な判断が必要な局面もある。〈第二十九巻　178P〉

瀕死の重傷を負った我が子・蒙恬《もうてん》を救おうともせず、「この蒙武《もうぶ》の倅《せがれ》だ　その程度で死にはせぬ」と言い捨てて、さらに敵に突撃していきます。**〈第二十九巻　178P★〉**

周囲にいた部下は、蒙恬《もうてん》の命は尽きるものと見て、「どうか若君に最期のお言葉を」とまで言っているのに、蒙武《もうぶ》は「そいつにかけてやる言葉などないわ」と一言。持ち場を離れて助けに来たことを非難までします。血も涙もありません。しかしその非情さによって、敵の総大将を討ち、さらに敵軍を壊滅させる戦果を挙げることができたのです。

「人としていかがなものか」と疑われるような場面もあります。著雍《ちょよう》での秦《しん》と魏《ぎ》の戦いで、本陣を飛信隊《ひしんたい》にとられた呉鳳明《ごほうめい》は、敗走中に師でもある霊凰《れいおう》と遭遇します。そこに鳳明《ほうめい》を追う信《しん》が急に現れて斬りかかるのですが、信《しん》はどちらが鳳明《ほうめい》か分かりません。とっさに鳳明《ほうめい》は、霊凰《れいおう》に向かって「鳳明《ほうめい》様お逃げをっ」と叫びます。自分の師を売ったわけです。

それにより信《しん》は霊凰《れいおう》を斬り、鳳明《ほうめい》は逃げ延びます。**〈第三十七巻　147P〉**

卑怯です。しかし善か悪かではなく、それが魏《ぎ》国にとって良いことかどうか。鳳明《ほうめい》は、武将の世代交代を考えていました。これから先のことを考えたら、霊凰《れいおう》が生き残るよりも自分が生き残るべきだと**非情ではありますが合理的な判断をしたのです。**

政《せい》も冷徹に、自分の兄弟に当たる、太后《たいこう》と嫪毐《ろうあい》との隠し子を殺す決断をします。母・太后《たいこう》

後の反乱の芽を摘むため、実母の懇願を受け入れず、まだ幼い自分の兄弟を殺す決断をする政《せい》。これも目的のための非情な判断である。〈第四十巻　183P〉

が泣き叫びながら懇願するのにです。後に反乱の芽を残してはいけないからです。〈第四十巻183P★〉
幼子の命を奪うのです。それも同じ母を持つ兄弟です。その非情な「人でなし」な決断が出来ないと、後で多くの犠牲を生みかねないのです。
ところが、政《せい》は密かに二人の子を城外に出して匿います。これもまた苦渋の決断です。史実はどうでしょう。原先生の優しさでしょうか。
この救った子供たちが将来の憂いにならないことを祈るばかりです。歴史に「もし」はないと言いますが……。

第五章

リーダーの条件⑤
部下愛を持って人を育てられるか

修行を願い出た信《しん》を谷底へ突き落とした王騎《おうき》。これも部下愛？
〈第十巻　186P〉

フォロワーなくしてリーダーなし。部下がいてこその上司でもあります。

もし、頭脳明晰で、情を排して合理的に判断でき、細部にまで神経を行き届かせる人が、あなたの身近にいたらどうでしょう？　なんだか近寄りがたい人ではないでしょうか。キレ者なのでしょうが、怖い。優秀なのだろうけど、好きになれない。そんなもったいない人がいたりします。

そこで必要になるのが、**部下愛を持って人を育てられるかという部下愛育力です。**リーダーとして一目置かれ、時に厳しいけれども、部下から慕われ、部下を愛す。そんなリーダーになるための条件です。

部下を認め、尊重し、感謝し、愛す

部下愛というのは、一般に言う愛、ＬＯＶＥとは少し違います。部下を共に戦う同志として認め、人としてその存在を尊重し、リーダーに協力してくれることに感謝すると、自然にその人に対する愛情、慈しみ、信頼、共感や親しみが湧いてくるはずです。そうした気持ちや心の持ちようを、ここでは部下愛と呼びます。

かのマザー・テレサは、「愛情の反対は、憎悪ではなく無関心である」と言ったそうですが、無関心の反対で、部下に関心を持つと考えてもいいでしょう。

王弟・成蟜《せいきょう》の反乱時に、山の民と王宮に向かう途中、重傷を負った山の民が歩けなくなっていました。そこで、信《しん》は手を貸して「もう少しだ　行こうぜ」と声をかけます。〈第四巻　126P〉

言葉も通じない、即席の同志ですが、相手を認め、尊重します。信《しん》は、自分の身の上話もしながら、すでに死んでしまっている相手に、「あんた兄弟とかいるのか?」と尋ねたりします。言葉も通じないのに。

非情合理力とは裏腹の力ですが、多くの人を動かすリーダーにはこうした部下愛も同時に求められるのです。

信《しん》は、趙《ちょう》将・馮《ふう》忌《き》を討ち取った際、それを喜ぶより前に、途中に残してきた飛《ひ》信《しん》隊《たい》を捜しに行きます。自分の手柄よりも先に部下を思ったわけです。〈第十三巻　12P〉

仲間の姿が見えず、全員死んでしまったかと思ったところに、渕《えん》副長がみんなを連れて現れ、信《しん》は全員と抱き合います。それを見た壁《へき》が、「すっかり隊長になったんだな」とつぶやくシーンは感動的でした。下僕から這い上がってきた信《しん》が、リーダーらしさを見せた場面です。

さらに、信《しん》の部下愛は熱く燃えています。合従軍《がっしょうぐん》を起こした魏《ぎ》が、沙紀城《さきじょう》で大量殺戮を行《おこな》った現場に遭遇した信《しん》は、犠牲者たちに向かって「間に合わなくてスマネェ」と詫びながら、「その代わりぜってえ仇《かたき》をとってやる」と叫びます。**〈第二十五巻 31P〉**

直接の部下でもない相手にもこんなに熱いわけですから、つい信《しん》について行きたくなってしまいます。

そして、河了貂《かりょうてん》が魏《ぎ》の凱孟《がいもう》に人質として捕らわれた時には、飛信隊《ひしんたい》の隊員からなぜ河了貂《かりょうてん》を反対を押し切ってまで救おうとするのか、信《しん》と河了貂《かりょうてん》はどういう関係なのかと詰め寄られ、「何もせずにテンを見殺しにするような真似は絶対に出来ねェ」と言い切ります。**〈第三十六巻 80P★〉**

非情合理力の項では、冷静な判断を信《しん》に促した副長の渕《えん》を取り上げましたが、それも踏まえて信《しん》は河了貂《かりょうてん》の人質交換を決断したわけです。こうまで言い切られたことで、信《しん》の部下愛の熱さを知っている隊員たちは「隊長がそこまで言うなら」と従う気になったのでしょう。

常にリーダーは、非情合理力と部下愛育力という矛盾の両立に悩まなければならないのです。

シビアな非情合理力を発揮した政《せい》も、部下を思い民を思う、部下愛育力を発揮します。蕞《さい》の攻防戦において、大王自ら寝付けない民兵たちのいる場所を回り、声をかけ、手を触

れていきます。〈第三十二巻　15P〉

そして、「明日の夜も語らうぞ！」と言うわけですから、大王・政《せい》が、民を認め、尊重し、感謝していることが充分に伝わります。このような相手の存在を認める働きかけのことを心理学ではストロークと言います。思っているだけでは伝わらないのです。言葉にし、手を触れ、伝えなければ部下愛は伝わりません。

しかし、今度は、このストロークを、相手を動かす小手先のテクニックとして使おうと考える人間も出てきます。心中には感謝も尊重もないのに、ただ口先だけのストロークをすることを心理学でも「マシュマロ・スローイング」と呼んで、意味のない、相手にバレてしまうものだと指摘しています。

政《せい》は、そのことにも気づくのです。蕞《さい》を守り切った後、信《しん》に王の言葉で蕞《さい》の民が奮い立つであろうという計算があって来たのだと伝え、「言葉巧みに命尽きるところまで彼らを戦わせた俺の行動は　強制で立ち向かわせるよりある意味質《たち》が悪い」と反省します。

それに対する信《しん》の「乗せられていることに気づいてなお　あんなに目ェ輝かして最後まで戦ってくれたんだと思うぜ」という言葉に、改めて政《せい》は民への感謝を表したのです。〈第三十三巻　79P★〉

俺は
何もせずにテンを
見殺しにするような真似は
絶対に出来ねェ

非情な意見に対して、見殺しにできないと言う信《しん》。〈第三十六巻　80P〉

ビュ
オ
ッ

自分のために最後まで戦い抜いた民に、改めて感謝を示す政《せい》。〈第三十三巻　79P〉

さすが、政《せい》です。

政《せい》や信《しん》だけでなく、信《しん》を千人将として認め、共に戦う同志として部下愛を示した麃公《ひょうこう》の言葉も取り上げないわけにはいきません。

大将軍自ら、信《しん》のもとを訪れ、秦《しん》国が置かれている状況について伝えた上で、「しばし儂《わし》の戦いにつき合え」と依頼します。**〈第二十五巻　100Ｐ〉**

上からの命令ではなく、厳しい戦いを共に戦ってくれる千人将として認めた上での依頼です。**部下を認め、尊重し、感謝することによってにじみ出る部下愛。**これがあってこそ、人を育てることができます。

知識や技術を教えるだけなら、部下に対して無関心でも、嫌々でも教えることができます。それによって部下が育つかどうかは関係なしなのです。なにしろ無関心なのだから。

しかし、育成するには時間もかかるし、根気も必要です。我が子を育てることを考えたら分かりやすいでしょう。一回教えて何でもできたら苦労はしないわけですが、すぐにはできませんから、何度も根気強く教えないといけません。これができるのが部下愛育力です。部下愛を持って部下に接し育てていく力なのです。

愛するが故に部下を憂う優しさ

部下愛育力とは、ただ部下を認め、甘く、優しく接するというものではありません。時に厳しく、場合によっては、谷底に突き落とすような試練を敢えて与えることもあります。「優」しいという字は、にんべんに憂うと書きます。人を憂う。部下に対して、「今のままではまずいじゃないか」と憂う。「もっとできるはずなのになぜやらないのか」と憂う。それを真の優しさだと考えれば、時に厳しい接し方、きつい言い方になることもあり得ますし、憂うがあまりに感情的になってしまうこともあるかもしれません。しかし、それが部下を思う本当の優しさだから、いつかは本人に伝わるわけです。

王騎《おうき》は、まさに信《しん》を谷底に突き落としました。〈第十巻 186P★〉「天下で最強の大将軍になって歴史に名を刻むんだ」と意気込む信《しん》は、王騎《おうき》将軍に「俺に修行をつけてくれ」と頼み込んだわけですが、無国籍地帯に蹴落とされ、そこを平定するように言われます。「大将軍を目指すなら、まだまだ力が足りないよ、場数が足りないよ」という王騎《おうき》の信《しん》への憂いです。王騎《おうき》流の部下愛育力です。

本当の優しさとは、人を憂うことから生じるものであり、愛するが故にその相手を憂うわ

けです。羌瘣《きょうかい》と信《しん》のやり取りがまさにそれです。

河了貂《かりょうてん》が軍師の修行に出てしまい、それを伝えに来た羌瘣《きょうかい》が信《しん》の家で一夜を過ごすシーンです。**〈第十巻　138Ｐ〉**

信《しん》を憂う羌瘣《きょうかい》は、信《しん》に対して「今のままでは必ずお前は命を落とす」と諭します。信《しん》の戦いぶりは「勇猛ではなく無謀なんだ」と。いつもの信《しん》なら、そんなわけないだろうと反論しそうですが、羌瘣《きょうかい》が信《しん》を憂う本当の優しさで言っていることが伝わったのでしょう。素直にそれを聞き入れます。

そして反対に、仇討ちしか生きる目標を持てないでいる羌瘣《きょうかい》を憂う信《しん》は、仇討ちが終わったら、信《しん》の元へ戻ってくるように言います。「お前は同じ伍《ご》で魏《ぎ》戦を戦った仲間」なのだと。**〈第十巻　144Ｐ〉**

心を閉ざしていた羌瘣《きょうかい》も、信《しん》の部下愛育力に触れ、仇討ち以外の生きる場所を見つけます。それが飛信隊《ひしんたい》です。**〈第二十二巻　91Ｐ〉**

信《しん》の羌瘣《きょうかい》を憂う気持ちによって、羌瘣《きょうかい》は飛信隊《ひしんたい》の副長として信《しん》を支える生き方を選択していくのです。これが本当の愛、ＬＯＶＥに発展するのかどうかは、今後のお楽しみですね。

部下を憂う優しさは、部下が活躍し、成功し、昇進するような場面でも現れます。

著雍《ちょよう》の戦いの論功行賞《ろんこうこうしょう》で、大将軍に任じられた騰《とう》は、同時に五千人将に昇格した信《しん》と王賁《おうほん》について語ります。**〈第三十八巻　50P★〉**

一気に将軍にしても良いくらいの武功をあげた王賁《おうほん》を五千人将に留めた理由を信《しん》に教え、「ここでしっかり甘えを落とし成果を上げげよ」と。「まだ将軍になるには場数が足りないぞ」という憂いです。騰《とう》は、「将軍のすぐ一つ下の五千人将の目を通してこそ将軍の存在がいかなるものかより見えてくる」と信《しん》に教えます。さすが、王騎《おうき》将軍のそばで将軍のあり方をずっと見てきた騰《とう》です。**部下の将来を思って、必要な経験（修行）をさせる。**王騎《おうき》が信《しん》を谷底に蹴落としたのと同じです。

成長という報酬を与える

部下愛育力を考える時、部下に対して「成長」という報酬を与えてあげることを忘れてはなりません。リーダーが部下に協力してもらうために、賞を与え、給料を払い、昇進させるという報酬を用意します。しかしそれだけでなく、**一緒に戦ってくれたら、成長できるぞという報酬も用意したい**のです。部下の成長を期待し、本人を啓発して成長を促すのです。

五千はただの踏み段に非《あら》ず
ここでしっかり甘えを落とし成果を上げよ

王騎《おうき》のそばで将軍のあり方を見続けた騰《とう》だからこそのひと言。まだまだ場数が足りない、との戒め。厳しくもあるが愛情のある言葉である。〈第三十八巻　50P〉

頼みましたよ 騰《とう》
ハッ

自らの死を覚悟して、副将の騰《とう》に後を託した王騎《おうき》は、騰《とう》の「成長」を知ってるが故に安心して託せる。「成長」という報酬も必要である。〈第十六巻　178P〉

王騎《おうき》は、自らの死を覚悟して、副将の騰《とう》に後を託します。〈第十六巻　178P★〉

手取り足取り教えるわけではないけれども、一緒に仕事をすることで、自然に上司のやり方が身に付き、力がついていく。あれこれ教えないからこそかえって力がつき、成長できると言えるかもしれません。**部下の成長を期待しつつ、場を与え、共有し、時に問い掛けをしつつ、部下を啓発していきます。**

蒙驁《もうごう》将軍は、魏《ぎ》との戦いにおいて、急遽空席となった千人将に、王賁《おうほん》と蒙恬《もうてん》を指名した際、特別に信《しん》を条件付きで千人将に抜擢します。〈第十九巻　90P〉

「気まぐれと独断によるもの」と本人は言うものの、その前夜に信《しん》と語らい、人物の見極めもしているのです。そして敵将の首をあげることを条件に出して信《しん》の回答を聞いた上で決定するのです。下僕出身ということで反対する者もいる中で、部下への期待を持って、成長機会を与えたわけです。

そして、蒙驁《もうごう》はその死に際しても、駆け付けた蒙恬《もうてん》と信《しん》に対し、「蒙恬《もうてん》と信《しん》と王賁《おうほん》　三人で一緒に高みへ登れ」と成長期待を伝えます。〈第三十四巻　92P〉

三人が切磋琢磨することで、さらに成長が加速していくであろうことを意識した言葉です。細かい指導をするわけではないのです。その場や機会を与えれば、きっとこの三人は成長す

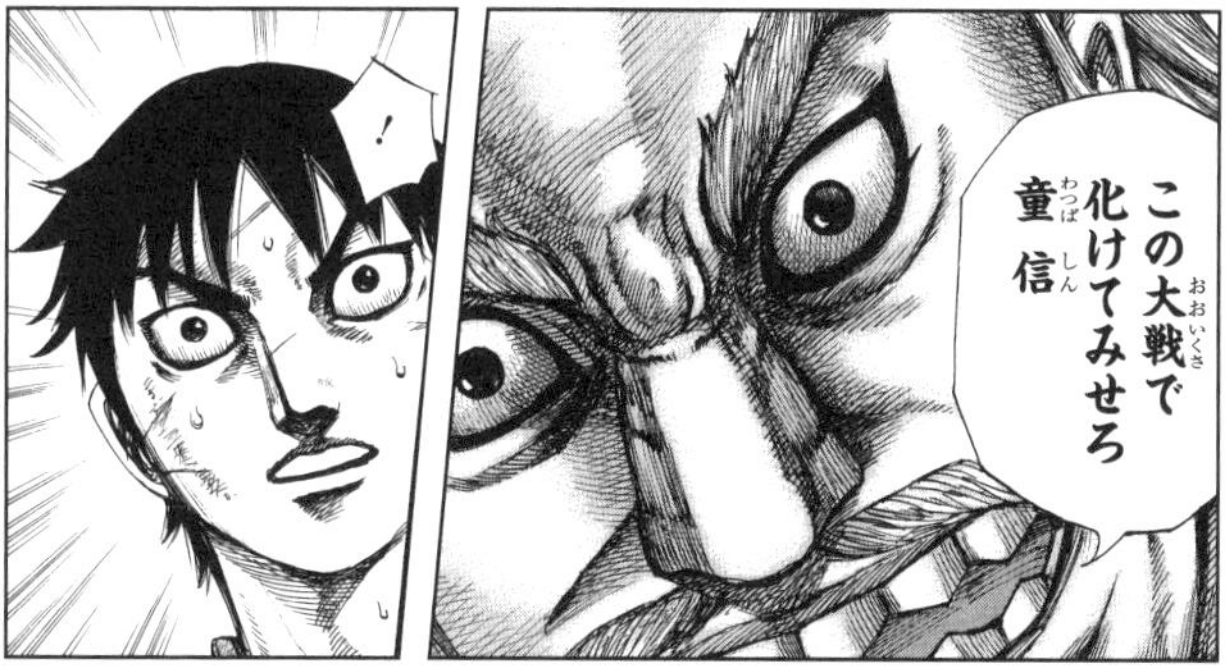

合従軍《がっしょうぐん》を秦《しん》がはねのけるには、新しい力が必要だと説く麃公《ひょうこう》は、信《しん》に「この大戦《おおいくさ》で化けてみせろ」と「成長」の場と機会を与えた。〈第二十七巻　107P〉

るということが蒙驁《もうごう》には分かっているわけです。
　麃公《ひょうこう》も、信《しん》に成長という報酬を用意して、場と機会を与えます。劣勢にある秦《しん》が合従軍《がっしょうぐん》をはねのけるには、新しい力の台頭が必要だと麃公《ひょうこう》は説きます。〈第二十七巻　107P★〉
　そこで飛信隊《ひしんたい》に兵を補充し、さらに五百人隊を加えて「この大戦《おおいくさ》で化けてみせろ」と発破をかけたのです。まさに、部下の成長を期待し、本人を啓発して成長を促すリーダーの言葉です。
　王騎《おうき》から成長という報酬と、王騎《おうき》亡き後の秦《しん》が中華を統一する期待を受け取った騰《とう》は、著《ちょ》雍《よう》の戦いにおいて、王騎《おうき》軍のかつての同僚・録嗚未《ろくおみ》に若い武将たちを世に出すための戦いだと語ります。〈第三十六巻　179P〉
「私は　これから秦《しん》軍の武威《ぶい》の一角を担うべき若き才能達が　傑物呉鳳明《ごほうめい》に挑み　その力と名を中華に響かせる戦いだととらえている」と。
　王騎《おうき》の遺志を継ぐための部下育成であり、信《しん》、蒙恬《もうてん》、王賁《おうほん》ら若い世代への期待です。
　この機会を活かし、経験を積むことで、信《しん》たちは「成長」という報酬を得ることができ、それによって秦《しん》国が中華統一を実現するための力がまた大きくなっていくのです。そこまで考える騰《とう》は、王騎《おうき》から引き継いだ部下愛育力を充分に発揮していると言えるでしょう。

第六章

リーダーの条件⑥ 前向き明るさを持っているか

同じ人間には
変わりねェ
トン
思いっきり
ぶった斬《ぎ》れば
あいつは死ぬ
斬って死ぬん
だったら
倒せる

人間離れした龐煖《ほうけん》を斬れば、倒せると言う信《しん》。常に前を向いて明るさを持っていることもリーダーには必要。〈第十四巻　73P〉

何事かを成そうと思えば、必ず障壁にぶち当たったり、思うように進まないことがあったり、つらく厳しい局面に立たされることがあります。

秦《しん》の中華統一も苦難の連続ですが、私たちの日々の暮らしや仕事、人生においても障害や苦難や問題が立ちはだかります。

そんな時に、常に前を向き、困難を乗り越え、その先に希望を見出す明るさを持つのがリーダーです。リーダーがフォロワーたちと一緒になって、しょんぼりして、落ち込んでしまっていては、組織を維持することができません。如何なる苦境においても、明るさを失わず、前に一歩ずつでも前進していきたいのです。

リーダーの条件、六つ目は、明朗快潤《かつ》力です。

常に前を向く

明朗快潤《かつ》力とは、単に明るく元気なだけではありません。快「活」ではなく、敢えて快「潤《かつ》」。

心を広く、前向きに持つという意味合いを込めて、明朗快潤《かつ》力と言いたいのです。

いつも明るくて元気だけど、何もしないというのでは意味がありませんね。明るくて元気なエネルギーを前に押し出し、進めなければなりません。
明朗快濶《かつ》力と言えば、やはり信《しん》です。明るく元気で、常に前向きです。
まだ伍《ご》の一員でしかなかった魏《ぎ》軍との戦いで、敵の戦車隊に圧倒されてしまった時にも、他の歩兵たちを守るために一人で立ち向かおうとします。「この戦いっ絶対勝つぞっ」と言い残して。〈第六巻　100P〉
初めて遭遇した戦車隊です。それも魏《ぎ》が中華最強と自負する装甲戦車隊が攻めてきているのです。そんな危機に遭っても、活路を見出し、前向きに立ち向かっていく。それも笑顔で。ただの明るく元気な人では無理なのです。
魏《ぎ》の廉頗《れんぱ》四天王《してんのう》の一人・輪虎《りんこ》との一騎打ちで深手を負った後には、羌瘣《きょうかい》に介抱されながらも、羌瘣《きょうかい》に信《しん》の〝気配〟を一周り大きく感じさせます。〈第二十一巻　108P★〉
輪虎《りんこ》のことを幾度も死線を越え、限界を超えてきた強さを持っていたと振り返りながら、その輪虎《りんこ》との戦いを通じて「俺も一こ　自分の限界ってやつを超えた気がする」と言うわけです。その前向きさ、確固たる自信が、信《しん》を大きく見せたのです。
「って討ち損じた奴が言うのも変だけどな…」と自分を落とす明朗さを忘れずに、「次で必ずあいつをこの手で討つ！」と宣言します。まさに明朗快濶《かつ》力です。

死線を越えてきた輪虎《りんこ》との戦いで自信を深める信《しん》。〈第二十一巻　108P〉

明けない夜はない

どんな苦難に遭っても、挫けず前向きでいるためには、一種のあきらめ、諦観も必要になります。どんなに暗い夜でも、明けない夜はない。どんなに雨が降っても、止まない雨はない。そう思うしかない時があります。そう思わずにはいられない程の苦境があるのです。

なるようになる。なるようにしかならない。これも一種のあきらめであり、開き直りですね。しかし、これでは少々あきらめ過ぎで、思考停止になりそうなので、私は**「為すように成る」「為したように成る」**と考えます。良いも悪いも自業自得。必ず原因があるはずですから、自分がしたこと、しなかったことを振り返り、危機に陥った原因を突き止めて、手を打ちます。何か原因があってそうなったのであれば、その原因が取り除かれれば、その状況から変化することになります。責任転嫁してみたり、犯人捜しをするのではなく、自分がコントロール可能な領域で手を打つわけです。その危機状況をコントロール下に置くという感じでしょうか。

「どうにもならない！」と考えてしまっては、そこで終わってしまいます。

人間離れした趙《ちょう》の武神・龐煖《ほうけん》との戦いで、信《しん》は「斬って死ぬんだったら 倒せる」と言い

切ります。**〈第十四巻　73P★〉**
龐煖《ほうけん》の戦いぶりを見た誰もが、「人間じゃない」「化け物だ」と評し、信《しん》にも諦めるように言います。しかし、信《しん》は「どうにもならない」とは考えず、同じ人間であれば斬れば死ぬと考えます。龐煖《ほうけん》の武という危機をコントロール下に置くことが可能であると考えるわけです。それによる前向きさ。精神論で前向きなことを言うのではなく、**根拠のある前向きさであることが必要**なのです。

マイナスの裏にはプラスがある

常に明るく前向きでいるためには、物事を複眼で見るということも重要です。一見、マイナスに見えることも別の角度から見ればプラスであったり、プラスに見えることも裏にはマイナスがあったりするものです。

孫子《そんし》の兵法に、「智者《ちしゃ》の慮《おもんぱかり》は、必ず利害《りがい》を雑《まじ》う。利《り》に雑《まじ》うれば、すなわち務《つと》めは信《まこと》なる可《べ》し。害《がい》に雑《まじ》うれば、すなわち患《うれ》いは解《と》く可《べ》し」という教えがあります。優れたリーダーは、常に物事の利と害、すなわちプラスとマイナスの両面を考慮するものだというのです。プラスの事象が起こった時にも、その裏にあるマイナス面を考えて慎重に事を進めるから、やろうとした任務を完遂して信頼を得ることができるのです。また、マイナスがあった時には、その裏にプラスの面もあるだろうと考えて、マイナスをプラスに転じて、患いをなくしていくことができるというわけです。

この発想や、思考が、明朗快潤《かつ》力を維持するには必要になります。**マイナスからプラスを見出すわけですから、常に明るく前向きでいられるのです。**

信《しん》も、王騎《おうき》将軍亡き後、三百人将となって国境周辺の小競り合いで戦果を挙げるものの、物足りなさを感じて、一人でたそがれてしまいます。

そこにやってきた松左《しょうさ》から「コラ、お前が神妙な顔しててもでけェ戦《いくさ》は起こるわけじゃねェんだよ」と諭されます。**〈第十七巻　15P★〉**

小競り合いしかない状況をマイナスとばかり考えず、飛信隊《ひしんたい》の力を蓄え、養成するチャンスであるとプラスに考えようと言うわけです。

信《しん》は、「それもそうだな」と受け入れて、また明朗快潤《かつ》なリーダーに戻っていきます。ちょっとしたものの見方、捉え方で、意識は変わるものなのです。

大きな戦果を挙げたくて焦る信《しん》を諭す松左《しょうさ》。リーダーがネガティブだと、部下の士気も下がる。今できることをするのもリーダーには必要。〈第十七巻　15P〉

場の空気、勢いを作り出す

リーダーが明朗快濶《かつ》力を持つことによってどういうメリットがあるのかというと、これはもう組織やその場の空気を盛り上げ、熱くし、前向きな勢いを作り出していくということに尽きます。

リーダーが暗くて、後ろ向きでは……。

仇討ち前の羌瘣《きょうかい》は、まだ陰があり、暗い面がありました。魏《ぎ》との戦いに勝ち、区切りをつけたことで羌瘣《きょうかい》は、仇討ちの旅に出ようとします。信《しん》が寝ている間に黙って出ていくわけですが、信《しん》たちに落とし穴に落とされてしまいます。それを見てみんなで大笑いし、「黙って一人で行こうとした罰だ」というのです。

そして、みんなで羌瘣《きょうかい》にこの一言。「どんだけ離れようとお前の小っせェ背中俺達がガッチリ支えてるからなってこった」〈第二十三巻　62P〉

暗く、しんみりしそうな別れの場面で、それを笑い飛ばして、「ガッチリ支えてるからな」と言ってあげられる信《しん》たちの明朗快濶《かつ》力。羌瘣《きょうかい》は、帰ってこないわけにはいきません。

明朗快濶《かつ》力で、信《しん》の上を行くのが麃公《ひょうこう》です。

長平《ちょうへい》の戦いの怨念によって秦人《しんびと》を皆殺しにしようとする趙《ちょう》将・万極《まんごく》を討ち取った飛信隊《ひしんたい》でしたが、万極《まんごく》の怨み辛みを聞かされた隊員たちは今一つ盛り上がりません。そこに酒を持って現れたのが麃公《ひょうこう》です。

しんみりしていた信《しん》の背中をバチィと叩き、転げ落ちた拍子に信《しん》が河了貂《かりょうてん》とキスしてしまったのはご愛嬌ですが、「飲むぞ　小童《こわっぱ》ァ」と勝利の美酒に酔うべき時もあることを示します。**〈第二十七巻　98P〉**

「夜は勝利の美酒に酔いしれる　それが戦人《いくさびと》の醍醐味《だいごみ》じゃァ」と自ら大盃の酒を飲み干し、「今日の勲功者《くんこうしゃ》は貴様じゃァ」と言ってくれるわけですから、その場が盛り上がらないわけはありません。

いつも飲んでばかり、ふざけてばかりではまずいですが、組織が落ち込んでいたり、みんながしんみりしてしまっているような時には、リーダーがバカになって場を盛り上げるようなことも必要でしょう。

重大な危機、絶望的な状況であればあるほど、リーダーの明朗快濶《かつ》力が求められます。

秦《しん》国滅亡の瀬戸際、大王・政《せい》まで乗り込んで、合従軍《がっしょうぐん》を食い止めようとした蕞《さい》での戦い。それまで民兵たちを鼓舞しつつ陣頭に立っていた、政《せい》がついに倒れてしまいます。蕞《さい》全体が

今ならセクハラだから要注意であるが、失敗に落ち込む貂《てん》に悪ふざけをする信《しん》。絶体絶命のピンチでこそ明るく前向きな姿勢が必要である。〈第三十二巻　82P〉

戦意を失い、意気消沈している中、特に落ち込んでいたのが、自らの失敗を悔いている河了《かりょう》貂《てん》でした。

そこに信《しん》がやってきて「ケツ氏！」。〈第三十二巻　82P★〉

今やったら、セクハラで訴えられてしまいますから気をつけてください。信《しん》と河了貂《かりょうてん》の信頼関係があってこそです。

厳しい状況だからこそ、みんなが落ち込んでいるからこその明るさです。信《しん》は河了貂《かりょうてん》に「やっぱこういう時はまずは元祖三人組から盛り上げてかねーとなー」と声をかけます。

リーダーはやはり、前向きさ、明るさを失わないようにしたいものです。

第七章

リーダーの条件⑦　すべてを背負う覚悟はあるか

後宮《こうきゅう》の女性たちも絶体絶命のピンチのときにはリスクを背負い、覚悟を決める。立派なリーダーである。〈第四十巻　39P〉

リーダーは、部下や組織全体の命運を握る存在である以上、そのすべてに対して責任を負う存在です。企業においても、何か不祥事があると、最後は必ずＴＯＰの社長が出てきて謝罪会見をし、最終的に引責辞任することも少なくありません。その不祥事を起こしたのは部下であり、失敗したのは別の人間であったとしても、最後に責任を取るのはＴＯＰリーダーです。

リーダーになる、社長になる、ＴＯＰになる、というのは良いのですが、それがそのリスクの見返りとして与えられる立場であるとするならば、どうでしょう？　あなたにその覚悟がありますか？

このすべてを背負う覚悟が、**リーダーの条件の七つ目、リスクテイク力です。**

たとえば、企業の社長は、多くの場合、借入金の保証人になっています。企業組織としての借金であっても、もし返せなければ個人で背負うことを保証するわけです。その会社が潰れれば、社長個人もアウトです。そのリスクを負って借入を行い、事業に投資していくわけです。

一社員の立場から見ると、「社長は偉そうにしていいな」「俺も社長になりたいな」とつい安易に考えてしまうこともあるでしょうが、偉そうにするからには、それだけのリスクを背負っているわけです。

それだけのリスクを背負っているが故に、細かいことまで口出しせざるを得ないということもあります。そこで出てくるのが細心配慮力です。「社長のくせに細かいことにうるさいな」と考えるのではなく、「こうした細かいことまで口出ししたくなるのは、リスクテイクしている覚悟があるからだな」と考えてみるようにしてみましょう。リーダーになるための練習です。自分がＴＯＰリーダーになった時のために予行演習をしておくのです。

すべての責任を背負ってこそすべての権限が与えられる

山の民の王・楊端和《ようたんわ》は、山の民すべての命運を握っています。王弟に追われている政《せい》を助ける判断も、山の民全体に大きな影響を与えるものであり、その全責任を負っていることを山の民の兵士たちがまた認めているからこそ、楊端和《ようたんわ》の命令は絶対なのです。

王宮で、魏興《ぎこう》の弩行隊《どこうたい》の矢に、山の民の兵たちが撃たれてしまった時、昌文君《しょうぶんくん》は退却を促しますが、楊端和《ようたんわ》は「矢如きに屈する山の民ではない！」として全員突撃を指示します。〈第

四巻　15P〉

リーダーが全責任を負って判断していることによって、そのリーダーに全権限が与えられ、全員がそれに従うのです。もし、命令や指示をしても部下が従わないとしたら、それは部下が「このリーダーは責任を自分で負う覚悟がないな」と感じているのかもしれません。

すべての責任を背負うというのは、軍師も同様です。軍師の判断ミスで何十、何百という人の命が散っていくことになるのですから。さらに言えば、軍師はあらかじめ死者が出ることを分かって指示を出すわけです。敢えて、仲間を死に追いやる。そのリスクテイクをする重圧に河了貂《かりょうてん》は悩みます。〈第二十三巻　187P★〉

深刻になり過ぎている河了貂《かりょうてん》を見て、信《しん》は「死人の数までお前はしょい込まなくていいんだよ」と言いますが、このリスクテイクする責任をしっかり認識してくれている軍師だからこそ、信頼して指示や判断を受け入れることができるようになるわけです。将軍や軍師が、「兵なんていくら死んでも俺達には関係ない」などと言っていたら、怖いし、言うことを聞きたくありません。やはり、**責任あってこその権限です。**

戦いには犠牲がつきものである。それを分かっていて作戦を立てる軍師には重圧がかかる。そのリスクを背負う覚悟もリーダーには必要。〈第二十三巻　187P〉

命懸けである以上蛮勇であってはならない

すべてを背負うという以上、戦争であれば命をとられますし、ビジネスであればキャリア（職業人生）をかけることになります。リスクテイクすればいいというものではないわけです。リスクテイク力とは、何でもかんでも受けて立つという蛮勇とは違います。**命懸けである以上、蛮勇であってはならないのです。**

王騎《おうき》将軍が、信《しん》を百人将として認め、飛信隊《ひしんたい》という名前を褒美として与えた時のエピソードを見てみましょう。

王騎《おうき》は、敵二万を率いる馮忌《ふうき》の首を獲ってくるように指示します。それに対し、副長の渕《えん》は不可能だと訴え、「ただ全滅しに行くようなものです」と王騎《おうき》の命令に反対します。にもかかわらず、信《しん》はその命令を引き受けてしまいます。信《しん》らしい、まるで勢いだけの蛮勇のようです。

ところが、信《しん》には信《しん》なりの勝てる理屈があったのです。百人という小隊だからこそ、小隊の利があるのだと。「豆つぶには豆つぶなりの強さがある」と信《しん》は王騎《おうき》に答えます。〈第十二

巻45P★〉

ただの蛮勇ではなかったわけです。厳しい状況ではあるけれども、勝てるストーリーが描けているとするならば、それはリスクテイクすべき道なのでしょう。

しかし、信《しん》が暴走してしまうシーンもあります。

信《しん》に目をかけてくれ、明朗快濶《かつ》力ではまさに信《しん》の手本となった麃公《ひょうこう》将軍が討たれ、その仇である李牧《りぼく》と龐煖《ほうけん》が目の前にいる状況で、信《しん》は敵の中に飛び込んでいこうとします。麃公《ひょうこう》もここで命を落とさず咸陽《かんよう》に行けと信《しん》に言い、その場にいた壁《へき》も止めているのに、信《しん》は「将軍を目の前で殺されてっ　やることもやらずに逃げるってのかよ」と壁《へき》に反論します。〈第三十巻181P★〉

そこで、壁《へき》からキツい一発です。人情に篤い、信《しん》思いの壁《へき》も、さすがにこれは蛮勇だと判断したのでしょう。信《しん》を思うが故に殴ってでも止めたと言えるでしょう。

命懸けである以上、蛮勇であってはならない。不可能に思える命令を受ける信《しん》には小隊ならではの策があり、勝てるストーリーがあった。〈第十二巻　45P〉

その信《しん》も麃公《ひょうこう》将軍が討たれた時には、思わず後先考えず敵地に飛び込もうとした。人情家の壁《へき》も、信《しん》の蛮勇を止めるためのキツい一発を。〈第三十巻　181P〉

リスクを冒してこそ勝ち取れるものもある

しかし、もちろん、リスクを冒すからこそ勝ち取れたり、成果が出るということもあります。このバランスが難しいのですが、必要な時には適切なリスクがとれなければならない。**リスクを恐れ、避けているだけでは、現状維持はあっても飛躍や成長はありません。**

魏《ぎ》の廉頗《れんぱ》四天王《してんのう》・玄峰《げんぽう》との戦いにおいて、煙幕などの奇策で翻弄され厳しい局面に立たされた飛信隊《ひしんたい》が、リスク覚悟で、敵本陣に突っ込む覚悟を決めます。**〈第二十巻 39P〉**

副長・楚水《そすい》からは、ここで冒すことになるリスクについて進言がありますが、その楚水《そすい》がかつて言った「千人将は戦局を覆すことができる存在だ」という言葉によって、隊長である信《しん》がリスクテイクを決めたのです。聴覚に優れた青石《せいせき》族に案内させるなど、敵の奇策に対する対抗策があってこその判断でありリスクテイクです。これによって戦局を変えることに成功したのです。

ある時には、将軍をおとりにするというリスクを冒して、戦闘を優位に進めるという判断もあります。

趙《ちょう》の李《り》白《はく》と慶舎《けいしゃ》と戦っていた麃公《ひょうこう》軍は、信《しん》の閃きで、麃公《ひょうこう》将軍をおとりにして李《り》白《はく》軍に突っ込んでもらい、そこに慶舎《けいしゃ》が出てきたところで、横から飛《ひ》信隊《しんたい》が討つという作戦を立てます。

麃公《ひょうこう》もそれに賛同し、「それくらいせぬと奴は出て来ぬわ」と言い放ちます。蛮勇であってはいけませんが、適切なリスクはとらなければ勝てないのです。〈第二十八巻 183P〉

但し、その判断は紙一重です。

蕞《さい》での攻防戦において、ついに大王・政《せい》が戦場に降り立ち民兵を鼓舞せざるを得ないという決断をする場面があります。〈第三十二巻 46P〉

周囲の人間は必死に止めるわけですが、政《せい》は「危険だから意味があるのだ」とリスクを冒すことを承知の上で「これが俺の打てる最後の手だ」と決断します。

このリスクテイクによって、たしかに民兵が奮い立ったわけですが、結果として政《せい》は斬られてしまい重傷を負います。では、リスクを冒さず、安全なところで見ていれば勝てたのかというとどうでしょうか。

微妙なところです。リーダーはこうして、ギリギリの判断、まさに命懸けの決断を迫られるわけです。

他にも、これはもう蛮勇と言うべきかもしれませんが、そうせざるを得ない時、命懸けでリスクテイクしてこそ乗り越えられる局面があることを示すシーンがありました。咸陽《かんよう》の後宮《きゅう》で迫る追手から向《こう》と共に逃げる陽《よう》が、絶体絶命のピンチにおいてリーダーシップを発揮し、向《こう》と麗《れい》の命を救います。**〈第四十巻　39P★〉**

まず、向《こう》に対して、后として、母としての責任を全うすることを迫ります。向《こう》もその場では大王の子・麗《れい》を守るリーダーとしての決断をして、陽《よう》を残してその場を去ります。これもシビアな決断です。

そして、陽《よう》は自らの身を挺して騎馬を止めようとします。**すべてを背負う命懸けの覚悟があってこその行動であり、この時、陽《よう》は立派なリーダーです。**

結果として信《しん》が間に合って助かるわけですが、陽《よう》がリスクを冒してこそ、向《こう》や麗《れい》が守られたと言えるでしょう。

過去の思いもすべて背負う覚悟

なぜリーダーは、命懸けですべてを背負う覚悟ができるのか。それは自分一人だけ、今いる人たちだけではなく、そこに連なる、人の重みや過去の思い、歴史の積み重ねをも背負うからでしょう。
自分のことだけを考えれば、命懸けで何かをすることはありません。自分のためなのに、自分が死んでは意味がないことになります。そこに背負う仲間や部下やフォロワーがいて、守るべき人や組織がある必要があります。さらに加えて、過去からの積み重ねを背負う。
正月に恒例の箱根駅伝を見ていると、個人競技なら調子が悪ければ、棄権すれば良いだけなのに、タスキをつないだ仲間や、応援してくれている部の仲間、そしてその大学の伝統をつないできた先輩たちを背負うことで、ギリギリのところでひと踏ん張り、ふた踏ん張りする選手がいます。戦争ではないので、命懸けというと大袈裟ですが、それと似たような感じでしょうか。

自分一人ではない、という自覚がリーダーに火事場の馬鹿力を与えてくれるのです。

王騎《おうき》将軍は、数万の戦友を失い、数十万の敵を葬ってきたことで、その思いが双肩に宿っていると龐煖《ほうけん》に語ります。**〈第十六巻　58P★〉**
「もちろん摎《きょう》の思いもです」と語る顔は鬼気迫るものがあります。龐煖《ほうけん》との違いは、多くの人間の思いを背負っていることにあると言うのです。そして龐煖《ほうけん》に「山で一人こもっている

命の火と共に消えた彼らの思いが
全て この双肩《そうけん》に重く宿っているのですよ
ゴゴゴゴ

数多の戦友、敵の思いを胸に刻み、その思いを背負ってきた王騎《おうき》。〈第十六巻　58P〉

ドオオオ
中華をまたにかけた大将軍 王騎《おうき》を傍《かたわ》らで支え続けた自負《じふ》がある
―ねェ 騰《とう》？
ハ！ その通りです
オオオオ

王騎《おうき》の背負った思いを受け継いだのが騰《とう》。自分の敗北が王騎《おうき》の思い、その戦友、敵の思いも踏みにじる結果になる。覚悟は引き継がれる。〈第二十六巻　200P〉

あなたには理解できないことでしょうねェ」と言い放ちます。
その背負う思いがあるからこそ、リスクを冒して戦うわけです。
そしてその王騎《おうき》の背負った思いも含めて背負っているのが、騰《とう》です。楚《そ》将・臨武君《りんぶくん》と戦った際には、王騎《おうき》と最も長く一緒に戦ってきたという自負を述べます。〈第二十六巻 200P★〉
本人一人だけの力ではないのです。もし騰《とう》が負けてしまうようなことがあったら、長年育ててくれた王騎《おうき》に申し訳が立たないわけです。王騎《おうき》に申し訳が立たないということは、王騎《おうき》が背負ってきた数万の戦友、数十万の敵にも申し訳が立たないのです。こうしてこの背負った思いは引き継がれていくわけです。
その背負うものが、一国の王ともなると兵士だけでなく一般の民衆にまで広がることになります。
蕞《さい》で先頭に立ってリスクを冒した政《せい》は、合従軍《がっしょうぐん》が退却した翌朝、信《しん》に「この七日間で実に蕞《さい》の半数の命が失われたそうだ」と語ります。信《しん》は、「そのおかげで秦《しん》は救われたんだ 決して無駄死にじゃねェ」と言ってくれますが……。〈第三十三巻 75P〉
蕞《さい》に限らず、政《せい》は国王として多くの人の犠牲の上に立っていくことになります。**それらすべてを背負って生きる覚悟がTOPリーダーには求められるのです。**

第八章 リーダーの条件⑧ 人間を理解しているか

人を欲望の塊と見る呂不韋《りょふい》に、真っ向反論する政《せい》。両者の論のどちらがより人間を理解しているのか？〈第三十九巻　202P〉

リーダーが率いるのは生身の人間です。指示した通り、設定した通りに動くロボットではありません。調子の良い時にはすり寄ってきて、落ち目になるとサーッと消えていくような人もいます。表では真面目そうにしているのに、裏ではとんでもない悪さをしていたという人もいます。信頼して仕事を任せたら、顧客ごとゴッソリと持って行かれたという裏切り。商品の横流しや経費のごまかし、果ては会社の金の使い込み。人間不信になったという経営者も少なくありません。

反対に、素直で、正直で、真面目で、会社や組織のことを我が事のように思って、一生懸命頑張ってくれるような人もいます。それもまた人間です。人間とは難しいものであり、面白いものでもある。リーダーはその人間を使い、動かしていかなければなりません。

リーダーの条件、八番目は、人間理解力です。

信じてはいけない

人間も、動物の一種であると考えれば、そこに肉体を持ち、その肉体を維持することを最優先する自己中心的な面があることは否定できません。最後は自分が最優先であり自分が可愛い。そういう心理を否定することは誰にもできないでしょう。

王弟・成蟜《せいきょう》は、クーデターに失敗し、政《せい》に追い詰められて、こう言い放たれます。「だからお前はいつも唯《ただ》一人だ！」。**〈第五巻　87Ｐ★〉**

成蟜《せいきょう》が玉座につく可能性があったうちは、それに従ってくる人間がいます。しかし、劣勢に立たされ、このリーダーについて行っても得はないなと判断されたら、人はサーッと引いていきます。

王族に生まれたことだけを頼りに、他の人間をさげすんで、自己中心のわがまま放題だったわけですから、窮地に立たされて当然ではありますが、その成蟜《せいきょう》に対して自分の欲得で付き従ったり、見捨てたりする人間もまた、己が可愛いだけの自己中心的な存在です。**厳しい状況に置かれた時に、正体がバレるのです。**

孔子《こうし》は、「歳寒《としさむ》くして、然《しか》る後《のち》に松柏《しょうはく》の彫《しぼ》むに後《おく》るるを知《し》る」と言いました。「寒さの厳しい季節になってはじめて、松などの常緑樹が他の木々よりも萎え衰えないことを知る」というのです。調子の良い時に、調子の良いことを言ってくる人間を安易に信じてはいけません。

損得は分かりやすいですが、善悪となると難しくなります。善意でしたことであっても、相手によってはそれを悪意にとることもあるでしょうし、立場が違えば明らかに悪だと言わ

自己中心のわがまま放題から窮地に立たされた弟・成蟜《せいきょう》への兄・政《せい》からのひと言。〈第五巻　87P〉

れるかもしれません。完全な悪人だと思っても、その中には優しい面もあったり、良いところがあったりします。時代が違うことで善悪の価値観が違ってくることもあります。『キングダム』でも人をたくさん殺します。首を斬って活躍するわけです。それを人を殺してはいけないと現代の、それも平時の価値観で見て、善悪を言ってもピントのずれた話になります。

成蟜《せいきょう》もその後、苦労を重ね、不遇な時代を過ごすことで成長したのでしょう。屯留《とんりゅう》で獄につながれた時には、警備兵の欲得に訴えながら、自分を脱獄させることの利害を説いて、獄から抜け出すことに成功します。**〈第三十五巻　69P〉**

自分可愛さの自己中心性に訴えかけたわけです。そもそも自分がそういう人間だったからこそ相手の心理も読めて、どう言えば相手が言うことを聞くかが分かったのでしょう。人間というのは何ともあてにならない、**信じてはいけない存在なのです。**

始皇帝《しこうてい》も影響を受けたとされる韓非子《かんぴし》の中に、こういう一節があります。

「輿人《よじん》、輿《よ》を成《つく》れば、人《ひと》の富貴《ふうき》ならんことを欲《ほっ》し、匠人《しょうじん》、棺《ひつぎ》を成《つく》れば、人《ひと》の夭死《ようし》せんことを欲《ほっ》す」。

「車を作る職人は、人が金持ちになり昇進することを願い、棺桶を作る職人は、人が早く死んでくれることを願うものだ」と言うのです。車を作る職人が、人への思いやりのある人間で、棺桶を作る職人が悪人だから、そうなるのではなく、人が出世し、金持ちにならないと車を買ってもらえないからであり、人が死んでくれないと棺桶が売れないからに過ぎません。成蟜《せいきょう》を逃がした兵たちは、成蟜《せいきょう》を助けたかったわけではなく、成蟜《せいきょう》が生き延びることで自分たちが得をすると考えたからそうしたわけです。それが善か悪かと問われても困ります。

韓非子《かんぴし》は、「人主《じんしゅ》の患《うれ》いは、人《ひと》を信《しん》ずるに在《あ》り」とも言っています。「君主の災いは、人間を信用するところから生まれる」というのです。人を信じてはいけないのです。

愛憎　怨念　嫉妬　金

生き物としての人間が自己中心的になるのは仕方ないとも言えるわけですが、さらにそれを複雑にし、ややこしくするのが、**人間の感情や知性です。**ただ生きて、飯を食い、寝て、種を絶やさないようにするというだけならシンプルだし、相手の出方も予想がつきますが、そこに人間ならではの感情や思考が加わることで、一層人間の理解が難しくなります。

一番信頼できるはずの親子、家族でさえ、信じられず、時に殺し合うこともある。太后《たいこう》と政《せい》は、そうした親子の愛憎を、それに呂不韋《りょふい》も加えると、男女の愛憎を教えてくれます。

実の子と敵対する呂不韋《りょふい》と元恋人であった太后《たいこう》は、政《せい》の親を思う気持ちを踏みにじるように、呂不韋《りょふい》と姦通してしまいます。〈第十八巻　61P★〉

政《せい》は、それにも動じないのですが、心中はどうでしょう。親子だからこそ、血のつながる家族だからこそ、憎しみが増幅するということもあり、愛するが故に、それが裏切られると憎悪の炎が大きくなることもあります。他人なら許せることが、家族だと許せなく思うこともあったりもします。

しかし、憎む一方というわけでもない。政《せい》は、毐《あい》国を建国した太后《たいこう》を思いながら、憎悪の感情を全開させている母の中に苦しむ姿を見出して、子として何ができるのかを考えたりもします。〈第三十八巻　60P〉

赤の他人なら斬って捨てれば済むところを、親や子、兄弟となれば、そう簡単に解決できません。元カレ、元カノ、旧友といった存在がそれに準じるでしょうか。

怨み辛み、怨念も人を異常なまでに動かす素になります。

趙《ちょう》の将軍・万極《まんごく》は、まさにこの怨念によって動かされていました。長平《ちょうへい》の戦いで家族を失った遺児たちが集まって、秦《しん》国への復讐のための殺戮を行《おこな》うわけです。〈第二十七巻　59P〉

怨み辛みを復讐で晴らしても、それがまた新たな怨念を生み、発展的な解決はできないわけですが、人はそれをやってしまう恐ろしい存在でもあります。現代では、テロが報復を生み、それに対する報復でまたテロが生まれるといったことでしょうか。『キングダム』の時代でも二十一世紀の現代でも、人の怨念が負の連鎖を生んでしまうわけです。

人の嫉妬も怖いエネルギーです。自分と他人を比べなくても良いのに、どうしても比べてしまい、「あいつは下だ」とか、「なぜあの人が上なのか」と蔑んでみたり、嫉妬してみたり。人間の心の中には醜い部分がどうしてもあります。

人はどうしても自分への評価が甘くなりがちですから、自分の方が優れていると思っていたのに、他の人が抜擢されたり、自分より劣っていると思っていた人が、自分より上に位置づけられたりすると、妬み、嫉み、怒り、抗いたくなってしまう。

秦《しん》軍総大将に任命されると思っていたら、軍議の席上で「守《しゅ》の強さがない」と言われ、目の前で、王騎《おうき》が総大将に選ばれた時の蒙武《もうぶ》の心の中は、如何ばかりだったでしょう。〈第十一巻　55P〉

自分よりも評価された王騎《おうき》に対する嫉妬もあるでしょうし、自分を軍議に呼んでおいて王《おう》騎《き》を選んだ軍総司令・昌平君《しょうへいくん》への怒りもあるでしょう。公然と蒙武《もうぶ》を総大将とすることに異を唱えた昌文君《しょうぶんくん》にも腹が立ったことでしょう。そこで暴れずに踏みとどまったところは、さすが蒙武《もうぶ》です。普通の人ならそこで怒り狂って暴れていたのではないでしょうか。

金に目が眩んで、道を踏み外す人間も少なくありません。若き日の呂不韋《りょふい》は、「金を使って〝欲望〟を操り　国を大きくする」と商人仲間に宣言しました。〈第三十九巻　159P〉

貨幣や紙幣そのものを集めて喜ぶのは一部のコレクターだけであって、金を求めるのは、それが様々な欲望を満たすための道具となるからでしょう。金目当てで何でもやってしまう人間が実際にいますから、人を率いるリーダーたる者は、**金の裏にある人間の欲望を理解しないといけないのです。**

呂不韋《りょふい》は、加冠の儀を終えた後の政《せい》と、天下について論じ、天下の起源は貨幣制度にあり、「貨幣制度が天下を作った」と述べます。「金が人の欲を増幅させたからです」というのは若い頃からの持論です。

そして、その欲があることで、「人の世から戦《いくさ》はなくなりませぬ」と断言します。それが武器商人として多くの戦争を見てきた呂不韋《りょふい》の確信なのでしょう。命懸けで戦う人間には、「大義のために戦う者」「仲間のために」「愛する者のために戦う者」「ただ私利私欲のために戦う者」「復讐を果たす者」などがいて、どれも人間の持っている正しい感情からの行動だと説きます。〈第三十九巻　192P★〉

実の親子でも時には理解できないことがある。政《せい》と太后《たいこう》がいい例である。〈第十八巻　61P〉

様々な人間の感情から「人の世から戦《いくさ》はなくなりませぬ」と説く呂不韋《りょふい》。人間がそういう存在であることもリーダーは知らねばならない。〈第三十九巻　192P〉

そうした人間の感情を無くすことも、否定することもできないと言うのです。たしかにそういう人間の感情があります。いけないことだと思っても感じてしまう。それが人間らしいとも言えるかもしれません。人間とはそういう存在であるということをリーダーは肝に銘じておかなければならない。**人は善にもなれば悪にもなる。**綺麗事だけでは人を動かし、組織をまとめ、国を作っていくことはできないのです。

信じなければならない

人間不信になりそうですか？　もうなりましたか？

私も長年多くの企業を見てきて、また四半世紀にわたって自分の会社を経営もしてきましたから、本当に人間不信です（笑）。イヤになるほど酷いことをする人間がいるのです。平気で人を裏切るような人がいるのです。普通の会社であっても、不正行為や犯罪行為もあります。

しかし、そうは言っても、人を信じなければ組織は動かせません。何でも一人でやっていてはリーダーではありません。ただの一匹狼です。人間不信になって自宅に引きこもっていてはリーダーとは呼べないでしょう。**人は信じなければならない。安易に信じてはいけないが、信じなければリーダーにはなれないのです。**

政《せい》は、人を欲望の塊と見て、その象徴として貨幣で天下を治めようとする呂不韋《りょふい》に、それは「人へのあきらめだ！」と反論します。〈第三十九巻 202P★〉

「たしかに人は欲望におぼれ　あざむき　憎悪し　殺す　凶暴性も醜悪さも人の持つ側面だ

だが決して本質ではない」と。

赤の他人で、たまたま趙《ちょう》から秦《しん》への脱出を手伝うことを頼まれただけの紫夏《しか》が、政《せい》のために命を投げ出したように、人は自らを顧みず、自らが信じることに身を奉じることもあり得る存在なのです。

「士《し》は己《おのれ》を知《し》る者《もの》の為《ため》に死《し》す」とは、戦国策《せんごくさく》という書物の中の言葉です。豫譲《よじょう》という人物が、自分を認め、高く用いてくれた知伯《ちはく》という恩人が亡くなった後も、その知伯《ちはく》の仇討ちをしようとして最後には自らの命を絶ったという逸話の中で出てくるのですが、人間には恩や義理、感謝といったプラスの側面もあるわけです。時にはそれが自己を守ろうとする自己中心的な欲望を凌駕して発揮される。それもまた人間です。

そして、その人間たちは、リーダー次第で、命懸けの死地に飛び込んでくれる。そのことをリーダーは信じていなければならないのです。

個々の人間には、弱さも醜さもあることを踏まえた上で、**世のため、人のため、正義のために命を投げ出す心も持つ、大切な存在であることをリーダーは忘れてはなりません。**

蒙驁《もうごう》将軍は、人を見る目の確かさを評価されていますが、魏《ぎ》との戦いにおいて、兵に向かって、「我が兵達」「我が戦友達」「兄弟達」「我が息子達よ」と語りかけ、「自分達の命こそ絶対に守りぬけ」と檄を飛ばし、兵達の心を熱く震わせました。〈**第二十巻　97P**〉

兵を道具として扱うのではなく、信頼すべき仲間として、家族として扱う姿勢が蒙驁《もうごう》にはあったわけです。ただ威勢の良い「戦うぞ」ではなく、人の弱さを知った上での「命を守れ」です。すると、人間は不思議なもので、熱く奮い立つわけです。

人間は、一人では弱くても、二人、三人と仲間がいて、組織となると力を発揮することがあります。またその組織としての強さや勢いを生み出していくのがリーダーの役割であるとも言えます。

無骨な印象の蒙武《もうぶ》ですが、趙《ちょう》との戦いにおいて、兵達の心理をうまくとらえた采配を振ります。急遽集められた烏合の衆に過ぎなかった軍の状況を見て、初日には無理をさせずに自信をつけさせ、二日目に改めて全軍を突撃させる用兵を行います。〈**第十三巻　47P**〉

それを見ていた王騎《おうき》と騰《とう》が、蒙武《もうぶ》の人間理解力、兵の心理を読む力を認めていくシーンです。個々の人間を見ていくと、寄せ集めの歩兵ばかりで、とても信じられない。しかしそれを組織として動かし、自信をつけさせ、リーダーが引っ張ってやることで、個々の人間が実力以上のものを発揮することがある。それを信じていてこそリーダーです。

信じなければ人は動かせない。

しかし、安易に信じていては足許をすくわれてしまう。

信じるために疑いましょう。疑って疑って疑って、これでもかというくらい疑って、残った部分は信じられる。

蒙武《もうぶ》は、まずは兵を疑い、烏合の衆に過ぎず、戦意も士気も低いことに気づいたのでしょう。しかしその中で、信じられる部分を見つけ出した。そこを核として二日目の戦い方を考えたのではないでしょうか。

不信による疑いではなく、信じるための疑い。汚く醜い部分も持ち合わせているが、綺麗で純粋な部分も持っているのが人間。人間の理解にゴールはありません。

第九章

リーダーの条件⑨ 熱いビジョンを作り示せるか

俺は
中華を統一する
最初の王になる
その協力を得《え》に
山の王に会いに来た

クーデターで追われる身でありながら、「中華統一」という熱いビジョンを語り、協力を得ようとする政《せい》。〈第三巻　40P〉

第一章で、リーダーとは、「二人以上の集団（組織）をある目的地（目標）に向けてリードする（導く）人」であると定義しました。この定義には二つの要素があります。まず、一匹狼ではダメで、協力してくれるフォロワーや仲間がいなければならない。そしてもう一つ、その集団や組織が目指す目的地（目標）を示して導くことです。

仲間はいるけど、目指すものはない、というのでは、単なる集団のまとめ役、世話役みたいなもので、リーダーとは呼べません。逆に言えば、目指すべきもの、実現したい目標があるから協力者を集め、仲間を増やすわけで、リーダーには人を引き寄せ、是非協力したいと熱くさせるビジョンを作り、示すことができるかどうかが問われます。

これがリーダーの条件九、ビジョン構築力です。

目的地なくしてリーダーなし

リーダーが組織を率いるには、目指すべきゴール、目的地、目標が必要です。『キングダム』という漫画自体も、また『キングダム』の読者も、秦《しん》の始皇帝《しこうてい》・政《せい》の示したビジョンによってリードされ、惹きつけられているのかもしれません。

政《せい》は、弟・成蟜《せいきょう》のクーデターによって玉座を追われ、山の民に助けを求めた際に、中華統一のビジョンを示します。**〈第三巻　40P★〉**

山界の王・楊端和《ようたんわ》からの協力を得るための発言ですが、「玉座奪還《ぎょくざだっかん》は俺の〝路《みち》〟の第一歩にすぎん」と言った時には、信《しん》も壁《へき》も、中華統一などできるわけがないと反応してしまったほどの大きなビジョンです。

しかし、このビジョンがあったからこそ、楊端和《ようたんわ》は政《せい》を助け、秦国《しん》との同盟を結ぶことを決断したわけです。これが単に、弟にクーデターを起こされたから一緒に弟をとっちめてくれといった話だったらどうでしょう。政《せい》を殺して積年の恨みを晴らせと長老たちも迫っているのですから、兄弟喧嘩をして弟にやられているような兄など殺してしまえば良いのです。

もちろん、政《せい》を元々知っていて協力したとか、可哀想だから同情したといった人情や、人間関係によって協力したわけでもありません。付き合いもないわけですから、政《せい》の人間性に惚れたとかでもありません。**政《せい》の示したビジョンによって協力者が増えたのです。**

そして、政《せい》が秦《しん》の始皇帝《しこうてい》をモデルにしているのであれば、中華統一を成し遂げるはずだと史実を先回りして知っている我々読者も、この政《せい》が示したビジョンによって熱くなり、応援したくなってしまいます。

さらに政《せい》は、このビジョンによって、現役を離れ、成蟜《せいきょう》側についているのか政《せい》側につこうとしているのかよく分からなかった王騎《おうき》将軍も協力者にしていきます。

王騎《おうき》は、政《せい》の発する「中華」という言葉の重みを感じます。そして政《せい》の目に、一点の曇りもないと見抜くのです。〈第五巻　67P〉

王騎《おうき》も、政《せい》から「弟をやっつけてくれたら、また大将軍にしてあげるよ」などと言われたら、見限っていたでしょう。政《せい》の描いているビジョン、目指そうとしている目的地に対して、心を動かされ、協力したいと感じたのです。

政《せい》の政敵、呂不韋《りょふい》も実力で秦《しん》を牛耳るほどのリーダーですから、目指すべきビジョンを持っています。〈第三十九巻　167P★〉

金によって秦《しん》を富ませ、「物があふれ返り　飢えなどとは無縁の飽食　秦人《しんびと》全員が人生を楽しみ謳歌する国」にするというビジョンです。これはこれで魅力的で、人を惹きつけるでしょう。こうしたビジョンを作り、示すだけの力があるからこそ、一介の商人から国を動かすまでの地位に成り上がることができたわけです。**自分の生活や立身出世しか考えていないようでは人を率いるリーダーにはなれないのです。**

現代のビジネスでも、私が「リーダーにはビジョン構築力が必要ですよ」と言うと、「先

政《せい》の政敵・呂不韋《りょふい》も確固たるビジョンを持っている。それがあるがため、今の地位を得たのである。〈第三十九巻　167P〉

のことはどうなるか分からない」「今日、明日がどうなるか分からないのに、そんなことまで考える余裕がない」といった反応をする企業経営者がいたりします。よくそれで経営者が務まっているなと思うのですが、その会社の社員にとっては冴えない話です。目指すところ、目指すビジョンがなければ、ただ生きていくために、言われた仕事をするだけになってしまいます。先が見えず、多くの人が将来に不安を感じるような状況だからこそ、リーダーが明るい未来を描き、それを目指すべきビジョンとして示してあげることが大切になるのです。

ビジョン実現のストーリーも示す

ビジョンが大切だと言うと、「ビジョンなんて口先だけの絵空事で、言うだけなら簡単だ」と批判する人もいます。それはその人の示すビジョンが口先だけのものだからでしょう。当然ですが、ビジョンは口先だけの絵空事ではダメですし、そのビジョンを実現するに至る道筋、段取り、ストーリーも示して、そのビジョンを聞いた人が実現可能性を感じるものでなければなりません。

ビジョンは大きければ大きいほど、それを聞いた人は魅力を感じ、惹きつけられます。しかし、同時に、大きければ大きいほど、その実現に困難を感じ、実現可能性を疑うものです。したがって、**ビジョン構築力とは、ただ目的地はどこかを示すだけではなく、目的地に向かう道筋やストーリーも示すことのできる力でなければならないのです。**

この点で、手本となるのが、六国の合従軍《がっしょうぐん》によって秦《しん》を滅ぼすビジョンを掲げて、利害が違うはずの他の五国を動かした趙《ちょう》の李牧《りぼく》です。

李牧《りぼく》はまず、秦趙《しんちょう》同盟というビジョンを示して、秦《しん》を動かします。この時すでに、李牧《りぼく》の頭の中には、合従軍《がっしょうぐん》というビジョンとそこに至る道筋が描けていたのかもしれません。〈第十七巻　62P〉

李牧《りぼく》は、なぜ秦《しん》と趙《ちょう》が同盟を結ぶべきかという理由を、秦《しん》の軍略家になったという立場で語ります。ビジョンで示す目的地には、なぜそこへ行くべきなのかという理由が必要ですから、秦《しん》にとってのメリットが分かりやすくなり、説得力が増しました。その背景には、七カ国がせめぎ合う、戦国七雄《せんごくしちゆう》の状況把握があります。**ビジョンを示すには、時流や環境の変化といった未来につながる洞察も必要になるのです。**

そして、韓《かん》を滅ぼすために、まず魏《ぎ》を討つべきで、趙《ちょう》はそこに手出しせず、燕《えん》を攻めるので、秦《しん》はそこで手を出さないようにと段取り、道筋を示します。それにより、趙《ちょう》のメリットもあることが分かって、ただ同盟を結びましょうと申し出るよりも、秦趙《しんちょう》同盟の説得力がさらに増したわけです。

恐ろしいのは、李牧《りぼく》がその先の合従軍《がっしょうぐん》が秦《しん》を追い詰め、滅亡させるところまで、道筋を描いているということです。〈第二十五巻　56P★〉

趙《ちょう》の李牧《りぼく》が、他の五国を動かすことができたのは、秦《しん》を滅ぼすまでのストーリーも示して、実現可能性を感じさせたからでしょう。ただ「一緒に秦《しん》を滅ぼしましょう」と言っただけでは、「どうやって?」と聞かれて終わりです。秦《しん》を滅ぼすという目的地に五ヵ国はどこも文句はないでしょうが、そこに至るストーリーが明示されないと、安心してそのビジョンに乗ることができません。

魏《ぎ》の呉鳳明《ごほうめい》と李牧《りぼく》が初めて会った時にも、「この戦《いくさ》はすでに詰んでいる」ということで合意します。それだけの段取りがなされ、道筋が描かれて、合従軍《がっしょうぐん》が成立したのです。李牧《りぼく》はやはり、政《せい》や信《しん》にとって恐るべき敵ということです。

合従軍《がっしょうぐん》ほど大きなビジョンではないですが、魏《ぎ》の輪虎《りんこ》軍を討つ際に、楽華《がくか》隊《たい》、玉鳳《ぎょくほう》隊《たい》、飛《ひ》信隊《しんたい》の三隊が連動して動くビジョンを示した蒙恬《もうてん》も、そのビジョンの持つ意味や段取りを示すことで王賁《おうほん》と信《しん》の説得に成功しました。〈第二十巻　149P〉

まず、この戦いが中華全土から注目されるものになったという、そのビジョン実現の意味を説きます。そこで負けているようでは「天下の大将軍」という王賁《おうほん》や信《しん》が目指すビジョンが実現できないよという逆説的なビジョンです。

そしてその上で、輪虎《りんこ》を討つ作戦のストーリーを説明します。ただ「協力し合って一緒に頑張ろう」と言うわけではないのです。これによって、いつもは反目することの多い王賁《おうほん》も同意して、このビジョン（作戦）が実行に移されていきます。

ただ綺麗事の調子の良い言葉が並べられたビジョンは、耳触りは良いですが、現場の人間にはどこか他人事のようで、なかなか自分のゴールには思えないものです。**ビジョンに至るストーリーが明確になり、その道筋を着実に進んでいると現場が実感する時、このビジョンはさらに強力な推進力を得ることになります。**

政《せい》の示したビジョンは、信《しん》に共有され、そこに至る道筋を確実に進んでいることを信《しん》は実感します。**〈第三十七巻　167P★〉**

魏《ぎ》の重要地・著雍《ちょよう》を奪い、そこを要塞化し、さらには都市化していこうとする際に、「家族ごとこんな前線に住まわされちゃたまんねェな」という声も上がるのですが、信《しん》にはこの著雍《ちょよう》が、中華統一という政《せい》と共に目指すビジョン実現にとって重要であることが分かってい

合従軍《がっしょうぐん》を描いた
張本人として
この先に起きる
ことも分かって
いますからね

秦《しん》を滅亡させるという自分の思い描いたビジョン通りに事が進行し、現状を冷静に受け止める李牧《りぼく》。〈第二十五巻　56P〉

俺とお前の目標
〝中華統一〟への道が
少しずつだが
出来てきてんぞ…

政《せい》の示した「中華統一」というビジョンを共有する信《しん》。〈第三十七巻　167P〉

るのです。

そこで信《しん》は、「ここを足場に侵攻していくんだ　最後までな」と政《せい》に代わって説明をします。

これができるのは、ビジョン実現に向けたストーリーが見えているからこそです。

そのビジョンは熱いのか

そして最後に、描いたビジョンの熱さを問いたいと思います。**その示したビジョンが、人を熱くできるのかどうか、そしてリーダー自身が熱くなれるものなのかどうか。**リーダーの示すビジョンが、単に電車の終点や飛行機が飛ぶ目的地のようなものでは、それを目指して協力しようという気にはなりません。
人間の本質を「金」と捉えた呂《りょ》不《ふ》韋《い》に対し、政《せい》は「光」であるとして、「人が人を殺さなくてすむ世界」とするために武力で戦争をなくすというビジョンを示しました。**〈第四十巻15P★〉**
呂《りょ》不《ふ》韋《い》の示した国を富ませるというビジョンも悪くはないですし、戦争をなくすために戦争するというビジョンが正しいかどうか議論もあるでしょうが、ここで大切なことはそのビ

両者の問答時、人間の本質を「金」だとする呂《りょ》不《ふ》韋《い》に対し、「光」だとする政《せい》。戦争をなくすための戦いをするというビジョンを示した。〈第四十巻　15P〉

ジョンにリーダーやフォロワーたちが**「真・善・美」**を感じるかどうか。正しいか間違っているかではないのです。

自分たちが本当、本物、真実だと信じ、それが善なるものだと確信し、その実現した姿を美しいと感じることができる時、そのビジョンは本物であり、熱いものとなります。それが正しいかどうかは、時代により国により置かれた環境や文化によって違いますから、安直な正誤判定はできません。

まずは、リーダー自身がそのビジョンを信じ、価値を感じていなければ熱くはなりません。

そして、そのビジョンが人々を熱くさせるかどうか。

呂不韋《りょふい》陣営との戦いを制した政《せい》は、信《しん》に「ここから十五年で六国全てを滅ぼし中華を統一する」と改めて期限付きのビジョンを示した上で、秦《しん》の六大将軍を復活させると宣言します。そこで政《せい》は、「信《しん》　お前はそこに割って入り　必ず　六将の一席を掴《つか》み取れ！」と鼓舞したのです。**〈第41巻　24P★〉**

政《せい》が目指すビジョンを、信《しん》の立場に置き換え、信《しん》にとってそのビジョンがどういう意味があるのかを具体的に示したわけですから、信《しん》は当然熱くなります。**ビジョンは人を熱くさせるものでなければなりません。**個々のフォロワーが目指すものとリーダーや組織全体が目指

直接対決で呂不韋《りょふい》陣営を退けた政《せい》は、信《しん》に、より具体的なビジョンを示した。そして、その中心メンバーに必ずなれと鼓舞した。〈第41巻　24P〉

すものとが一致するか、もしくは方向性が合致することで、より一層そのビジョンは熱を帯びることになります。そのためには、やはりビジョンには**「真・善・美」**が感じられる必要があるのです。

もちろん、信《しん》もリーダーとして熱いビジョンを示しています。

三百人将時代の信《しん》と王賁《おうほん》が初めて出会った時です。農民兵ばかりの飛信隊《ひしんたい》に対して、貴士族ばかりの玉鳳隊《ぎょくほうたい》は、馬に乗り、キラキラした武具でカッコ良いのです。「同じ三百人隊じゃないか」と言う信《しん》に対し、王賁《おうほん》は「歩兵は蟻に過ぎない」と言い放ちます。身分の差、力の差を見せつけられた飛信隊《ひしんたい》は、「俺達百姓と奴ら貴士族との差　越えられねェでっけェ壁があった」と意気消沈してしまうわけですが、信《しん》は「それは単なる言い訳に過ぎない」と諭すのです。

そして、農民兵である飛信隊《ひしんたい》にしかできない泥臭い作戦で、玉鳳隊《ぎょくほうたい》の機先を制し、手柄を立てます。農民兵たちに、やればできる、頑張れば士族にもなれるというビジョンを実地で示したのです。**〈第十七巻　170Ｐ〉**

「馬にも乗ってんのに　蟻の俺らに先越されるなんて　軍事の英才教育もたかが知れてんなァ」と王賁《おうほん》お坊ちゃんにリベンジ成功です。飛信隊《ひしんたい》の農民兵たちにとっては、まさに真実の成果を出して実力を証明し、それは身分の差も実力次第で乗り越えていけるという善なる結果をもたらしたことになります。これで熱くならないわけがありません。腐乱した死体が転がっている中で身を潜めるという、ちょっと美しくはない作戦ではありましたが、狙い通り玉鳳隊《ぎょくほうたい》の鼻を明かしたという点で美しい戦いであったと考えましょう。

リーダーには、ビジョンを作り、それをフォロワーに示して、実現可能性を信じてもらい、そこに「真・善・美」の価値を感じてもらう力が必要なのです。それがビジョン構築力です。

第十章

リーダーの条件⑩
自らを捧げる使命感はあるか

大勢の仲間の思いを乗せて天下の大将軍にかけ上がるんだ

激戦で瀕死の状態にあった信《しん》を無事逃げ延びさせるため、自らの命を捧げた尾到《びとう》もまたリーダーである。〈第十四巻　148P〉

目指すべきビジョンを掲げ、その実現のために協力してくれる仲間を集めて、目的地へと導くリーダーに、最後に求めたいのが、そのビジョン実現を我が事として、自らの人生（命）を捧げるだけの覚悟があるかどうかを問う、**使命挺身力《しめいていしんりょく》です。**

たとえば、企業の創業者は、自らの使命感に基づいてビジョンを作ることが多いでしょう。その場合には、使命感とビジョンが一体ですから、自分の人生そのものを懸けて取り組んでいくというのは自然なことです。

では、後継者やフォロワーはどうでしょうか。最初は違う人生観を持っているかもしれません。しかし、先代やリーダーの使命感に触れ、ビジョンに共感し、徐々に自分の人生観も影響を受けていく。そして、ビジョンと自分の人生観や使命感が重なった時、次世代のリーダーとして確立されていくことになるのです。

使命挺身力《しめいていしんりょく》は、リーダーの生き方、死に様を表すものであるとも言えるでしょう。

何のために生きるのか

あなたの生きる目的はなんでしょうか。日々、何のために生きているのでしょう。

「生きるために食う」「食うために生きる」、これでは、生きていること自体が目的のようで、動物が生きているのと変わらない気がします。

やはり、人間である以上、自分の命や人生に何らかの意味や価値を見出したいですし、リーダーとして生きるには、そこにリーダーが存在する意味と価値を示したいのです。

政《せい》は、中華統一を自らの信念、使命感に基づいて実現しようとします。国王だから当たり前じゃないかと考えないでください。国王になっても、自分が好き勝手に、酒池肉林に埋もれて生きようとする人間も多いし、国王だからこそそういう生き方が出来てしまうとも言えます。それを敢えて中華を統一し、人が殺し合わない世の中を作ろうという苦労を買って出るのは大変なことです。

政《せい》は昌平君《しょうへいくん》とも練った上で、「ここから十五年で六国全てを滅ぼし中華を統一する」と信《しん》に宣言し、まだ一国も落としていないのに十五年と年限を切ったことに戸惑う信《しん》に、改めて「本気でやるつもりだ」と覚悟を示します。**〈第41巻　22P〉**

政《せい》の生きる目的、存在理由が中華統一なのです。**使命感とビジョンが完全一致した使命挺《しめいてい》身力《しんりょく》です。**

そして、それを受けて使命挺身力《しめいていしんりょく》を発揮しているのが信《しん》です。長平《ちょうへい》の戦いでの怨念に生きる趙《ちょう》の万極《まんごく》に接し、こうした怨念を生む戦争をなくそうとする政《せい》の存在の重さに、改めて気付いたことを飛信隊《ひしんたい》の仲間に伝えるのです。**〈第二十七巻 62P★〉**

そして自分は、そのための「金剛《こんごう》の剣《つるぎ》」として生きるのだと宣言します。リーダーである政《せい》のビジョンを自らのビジョンとし、そのビジョン実現のために生きる使命感を持って、信《しん》は使命挺身力《しめいていしんりょく》を発揮します。

政《せい》との出会いもたまたま親友の漂《ひょう》が政《せい》とそっくりだったというもので、秦《しん》国がどうなろうと、秦《しん》王が誰であろうと関係なかったのに、縁がつながり、機会が与えられ、感化もされる中で、自らの使命感を確立していく。これも立派なリーダーとしての成長です。生まれながらにしてリーダーシップを発揮する人などいません。出自ではないのです。**今、置かれた環境のせいにせず、誰しもリーダーになれるのだと考えるべきなのです。**

もちろん、出自、血統によって、使命を背負って生きる人もいます。リーダーにならないわけにはいかないという責任と覚悟を持った人です。

著雍《ちょよう》の戦いにおいて、〝王《おう》〟家の後継者である王賁《おうほん》は、槍の名手である魏《ぎ》火龍《かりゅう》・紫伯《しはく》と戦い、劣勢を撥ね退けて最後には紫伯《しはく》を討ち取ります。しかし、途中あまりの苦戦に、関常《かんじょう》や番陽《ばんよう》といった〝王《おう》〟家の側近が退却すべきだと進言した際に、「中華に名を刻む大将軍になる」

だから あいつは
国を一つにまとめるんだ
政《せい》
そして俺は
その金剛《こんごう》の剣《つるぎ》だ

怨念の連鎖に気がついた信《しん》は、それを断ち切るための「中華統一」という政《せい》の夢に、その身を捧げて協力することを強く宣言した。〈第二十七巻　62P〉

覚悟を伝えます。〈第三十七巻　40P★〉

「〝夢〟だ何だと浮ついた話ではない　これは、〝王《おう》〟家の正統な後継ぎとしての　この王賁《おうほん》の責務だ」と。

序章で紹介した、私が出会った企業の後継者の人たちも、こうした覚悟と使命感を持ったことで、リーダーとして成長していかれたのだろうと思います。**その立場に置かれ、やるしかないと覚悟を決め、それが自分の人生なのだと使命感を確立することで、誰しもリーダーになれるのです。**

後継ぎ、後継者という立場は、背負うべき責務が分かりやすく、その覚悟も持ちやすいというアドバンテージはあるでしょう。しかし、それ以外の人も「自分がやるしかない」という覚悟を決められるかどうかという点では同じことです。能力の差や生まれの差などは、その覚悟と使命感の前では大した差ではないのです。

つなぎ託される使命感

自らが、自分の生きている意味や使命に気づき、使命感を確立するという道もある一方、

激戦の中、〝王《おう》〟家の後継者である王賁《おうほん》は、「中華に名を刻む大将軍になる」覚悟を伝えた。それは「後継ぎ」としての責任からである。〈第三十七巻　40P〉

親子や血縁によるものに限らず、人から人へとつなげられ、託されていく使命感もあります。
昭王《しょうおう》からの遺言は、王騎《おうき》に託され、王騎《おうき》の判断で政《せい》につなげられました。〈第十六巻　199P〉
昭王《しょうおう》は、「王騎《おうき》が仕えるに値すると思う王にのみ伝えよ」と、王騎《おうき》に一任したわけです。そして、王騎《おうき》が政《せい》に「共に中華を目指しましょう　大王」と、その遺言、すなわち中華統一の使命を託したのです。子や孫に伝えたというよりは、昭王《しょうおう》から王騎《おうき》、王騎《おうき》から政《せい》へとつながれ、託されたものです。**血よりも濃いつながりと言えるでしょう。**
信《しん》は、孤児であり血縁も何もありませんから、縁のあった他人から使命を託されていきます。王騎《おうき》からは矛と共に大将軍となる夢を託され、麃公《ひょうこう》からは盾と共に咸陽《かんよう》（秦《しん》）を守る使命を託されました。〈第三十巻　170P★〉
「火を絶やすでないぞォ」と。戦場に生まれ、戦場で育ったと豪語する麃公《ひょうこう》は、信《しん》の中に自分に通じるものを感じ取っていたのかもしれません。龐煖《ほうけん》との一騎打ちに敗れ、自分の使命を成し遂げられないとなった時、信《しん》にその後継を託したのでしょう。
成蟜《せいきょう》は、蕞《さい》での戦いに王自ら出向こうとする政《せい》から中華統一の宿願を聞き、「留守中　この国を頼むぞ」と秦《しん》の王族としての使命を託されます。〈第三十四巻　146P〉
使命感によって人は変わるという良い例です。成蟜《せいきょう》はこの後、政《せい》の協力者となり後押しを

昭王《しょうおう》から、王騎《おうき》を介して中華統一の夢を託された政《せい》と同様、信《しん》も、王騎《おうき》、麃公《ひょうこう》から使命を託された。その火は脈々と受け継がれていく。〈第三十巻　170P〉

するようになりました。

しかし、その後、反乱軍の首謀者に仕立て上げられ、屯留《とんりゅう》で無念の内に絶命するわけですが、その場にいた信《しん》に、政《せい》を助け、中華統一の使命を果たすよう託します。〈第三十五巻 113P〉

政《せい》がもし中華統一で挫折するようなことがあれば、「俺がとって代わって成してやるかとも思っていたが それも叶わぬ」からと、かつて下僕として蔑んでいた信《しん》に、自らの代わりを頼んだのです。信《しん》は、かつて敵として戦った、成蟜《せいきょう》からも使命を託されたわけです。

人は使命感によって変わり、その使命は、また人につなぎ、託していくことができる。まさに命を使う、使命とは重たいものです。

使命感があれば誰もがリーダーになれる

使命感は人に力と勇気を与えてくれます。使命感さえあれば、どんな立場、どんな仕事、どんな境遇に置かれても、誰もがリーダーになれるのです。

王騎《おうき》は、「天下の大将軍」としての使命感で、死の淵においても龐煖《ほうけん》を圧倒するほどの力

を見せました。〈第十六巻　145P〉
昭王《しょうおう》から政《せい》へとつないだ中華統一の使命を、大将軍として共に実現していく使命感にプラスして、千万の人間の命を束ね戦う責任を力に変えたわけです。**その使命と責任を果たす人間が「天下の大将軍ですよ」と。**
その天下の大将軍を目指す信《しん》は、人から与えられる称号としての大将軍ではなく、何のための大将軍なのか、どういう使命感を持った大将軍なのかを、降伏した敵国を蹂躙する行為をしていた千人将・乱銅《らんどう》を斬ることで示しました。〈第十八巻　159P〉
信《しん》は、ただ天下の大将軍になりたかったのではなく、政《せい》が目指す人が人を殺さなくてすむ中華統一のための大将軍になろうとしていたのです。その使命を果たすためには、その使命に反するような行為を許していては、何のために天下の大将軍を目指しているのか分からないことになってしまいます。信《しん》の使命感は、同士討ちに対する処罰を恐れぬ勇気を与え、それを見ていた周囲の人間の心をも動かしました。
呂不韋《りょふい》四柱《しちゅう》の一人・昌平君《しょうへいくん》も使命感によって力と勇気を与えられた一人でしょう。呂不韋《りょふい》に認められ、引き上げてもらった恩もあるわけですが、秦国《しん》を支える総司令であるという使命感によって、政《せい》が蕞《さい》に出陣するのを助け、呂不韋《りょふい》と距離を置きました。〈第三十一巻　11P★〉

四柱《しちゅう》の一人であるにもかかわらず、政《せい》に助言でもしたのではないかと呂不韋《りょふい》に詰め寄られた際、「私は秦《しん》軍の総司令でもあります　今――それ以外のことは　取るに足らぬ小事です」と言い切ったのです。

河了貂《かりょうてん》も、信《しん》を支える飛信隊《ひしんたい》の軍師としての使命感で、力と勇気を発揮しました。趙《ちょう》の万《まん》極《ごく》軍との戦いで苦戦する中、河了貂《かりょうてん》が前線に飛び込み、信《しん》にこう言います。「オレがいない間にお前らが全滅なんてしたら　軍師になった意味がないだろうが」と。〈第二十七巻　48P〉

河了貂《かりょうてん》は、ただ軍師になりたかったのではなく、政《せい》や信《しん》が目指すビジョンの実現を手助けするために軍師になったのです。政《せい》や信《しん》の使命感を自分の使命感にしていると言ってもいいでしょう。だから信《しん》が使命実現に向けて頑張っていてこそ自らの存在理由があることになります。まさに自らを捧げる使命感を河了貂《かりょうてん》は持っていたわけです。

飛信隊《ひしんたい》副長の渕《えん》も、使命挺身力《しめいていしんりょく》を持った立派なリーダーです。飛信隊《ひしんたい》が果たすべき使命は何か、隊長である信《しん》が果たすべきことは何かを見極め、それを実現するために自分がすべきことを使命としてくれています。〈第十二巻　141P★〉

趙《ちょう》の馮忌《ふうき》を討つことが飛信隊《ひしんたい》の使命とすると、「そのための礎《いしずえ》となるのなら我々は喜んでここに残れます」と言い切るのです。

・・・取るに足らぬ・・・
・・・小事です

呂不韋《りょふい》四柱《しちゅう》の一人・昌平君《しょうへいくん》は、秦《しん》国を支える総司令としての使命感から、呂不韋《りょふい》と距離を置き、政《せい》に味方。呂不韋《りょふい》の批判にも反駁した。〈第三十一巻　11P〉

私は残ります!
この場で戦う者達にも
将は必要ですからね

隊長である信《しん》が果たすべき事は何かを見極めている渕《えん》は、その使命のためなら喜んで残留すると宣言した。それこそが渕《えん》の使命感である。〈第十二巻　141P〉

副長ではありますが、信《しん》たちを先に行かせ、その場に残った飛信隊《ひしんたい》の残留組のＴＯＰリーダーです。信《しん》に手柄を立てさせたいという思いもあるでしょう。趙将《ちょう》・馮忌《ふうき》を討って欲しいという思いもあるでしょう。それが秦《しん》国のためになるという思いもあるでしょう。そこで自分に何ができるか、そこに渕《えん》副長の使命感があります。

城戸《じょうと》村で、信《しん》と喧嘩をしていた同郷の幼馴染・尾平《びへい》、尾到《びとう》の兄弟も立派なリーダーでした。特に、尾到《びとう》は、「信《しん》を天下の大将軍にするプロジェクト」のリーダーとして、龐煖《ほうけん》との戦いで瀕死の状態にあった信《しん》を無事、逃げ延びさせるという大きな成果を挙げました。

尾《び》兄弟は、二人とも致死量を超えるほどの出血をしていました。それでも信《しん》を背負い、万《まん》極《ごく》軍の追手から山中に逃れました。兄の尾平《びへい》は、血痕を頼りに追手が迫っていることを悟って、自らが囮となり、信《しん》たちと別れます。まさに命懸けの決断です。信《しん》を生き延びさせ、大将軍にするために、自分の身を奉じたわけです。

尾到《びとう》は矢が刺さりながらも、信《しん》を安全な場所まで連れていきます。そこで下僕出身の信《しん》が、本当に大将軍になれると確信したことを伝えます。〈第十四巻 148Ｐ★〉

そして、死人が出ても気にするなと信《しん》を勇気づけます。それは「信《しん》と一緒に夢を見てェと思ったんだ」と。尾到《びとう》の正直な気持ちでしょう。

尾到《びとう》は、そのまま眠るように死んでしまいましたが、そのおかげで、信《しん》は無事、生き延びることができました。**「信《しん》を天下の大将軍にするプロジェクト」の絶体絶命の危機を、命懸けで救った尾到《びとう》は、使命挺身力《しめいていしんりょく》を持った立派なリーダーです。**

実は、私が『キングダム』で一番好きなシーンは、この尾到《びとう》のシーンです。人は誰しも、その気になりさえすればリーダーになれる。それを証明してくれたのが尾到《びとう》です。戦国の世だけに、命を落としてしまいましたが、立派なリーダーでした。信《しん》にもその使命感が充分に伝わったでしょう。

尾到《びとう》には、下僕出身の信《しん》や、農民あがりの素人である農民兵がどこまでやれるのかという思いもあったでしょう。小さい頃から喧嘩をしていた信《しん》が、目の前で活躍している姿、将来信《しん》がきっと天下の大将軍になるという期待と信頼に自らを重ね合わせたのかもしれません。そして、自分にも祖国・秦《しん》を守り、敵国と戦うという使命感もあったはずです。それらが、尾到《びとう》に力と勇気を与えて、使命挺身力《しめいていしんりょく》を生んだのです。

人間、その気になって、やるしかないと覚悟を決めたら、自ずとリーダーシップを発揮できるようになるものです。自分の人生を懸ける、身を捧げるほどの使命を必ずや見つけ出したいものです。

『キングダム』は、そのためのヒントを与えてくれます。

終章

孫子の兵法から見た『キングダム』のリーダーシップ

虚を突くというのも孫子《そんし》の教え。王騎《おうき》が信《しん》に授けた策が、まさにそれだと、飛信隊《ひしんたい》の老兵・魯延《ろえん》が看破。〈第十二巻　107P〉

私は、経営コンサルタントであると同時に、中国春秋《しゅんじゅう》時代、紀元前五〇〇年前後に書かれたと言われる兵法書、「孫子《そんし》」を現代企業の経営に応用する「孫子《そんし》兵法家」でもあります。『キングダム』の舞台となる戦国《せんごく》時代の前が春秋《しゅんじゅう》時代であり、春秋戦国《しゅんじゅうせんごく》時代と一緒にされることもあります。『キングダム』は紀元前二五〇年頃からの話ですから、孫子《そんし》が書かれてから二五〇年ほどが経っています。

孫子《そんし》は、その後、三国志《さんごくし》に出てくる魏《ぎ》の曹操《そうそう》が注釈書を書いたりするくらいですから、『キングダム』の戦国《せんごく》時代にも国王や将軍たちには読まれていたものと思われます。

そこで、この最終章では、孫子《そんし》の兵法に照らして『キングダム』のリーダーシップについて考えてみたいと思います。

将とは「智《ち》信《しん》仁《じん》勇《ゆう》厳《げん》」なり

孫子《そんし》は、戦争を起こす前に、敵味方の国力、兵力を見極め、勝てるかどうかを吟味せよと説きました。それができれば、戦う前に勝てるかどうかは分かるのだと。

勝敗を左右する要因として五つ挙げられたのですが、その中の一つが「将」です。将軍でありリーダーのことです。**将の優劣によって勝敗が決まってしまうのです。**

そして、孫子《そんし》は、「将《しょう》とは、智《ち》、信《しん》、仁《じん》、勇《ゆう》、厳《げん》なり」と言いました。将軍、リーダーにとって必要な要素は、この「智信仁勇厳《ちしんじんゆうげん》」の五つだと。リーダーには、物事の本質を見抜く「智」、部下や取引先からの「信」頼、部下を慈しみ育てる「仁」の心、困難に立ち向かい信念を貫く「勇」、組織を動かすルールを徹底し処断する「厳」しさが必要だと言うのです。

さて、この五つの要素を兼ね備えた、『キングダム』の登場人物は誰だと思いますか？三つや四つの要素を持っているという人物は結構いますが、五つすべてを兼ね備えているというと限られてきます。

政《せい》や信《しん》は、まだ発展途上でしょうか。今後の更なる成長に期待したいところです。王騎《おうき》や麃公《ひょうこう》も捨てがたいですが、死んでしまいましたのでここでは外しましょう。

そうなると、まずは趙国三大天《ちょうこくさんだいてん》の一人・李牧《りぼく》を挙げたいと思います。信《しん》に「知略と武勇を兼ね備えた化け物だ」と言わしめた人物です。**〈第二十四巻　180P★〉**

最後は失敗に終わりましたが、合従軍《がっしょうぐん》をまとめ上げ、秦《しん》国を追い詰めた戦いぶりは、ただ者ではありません。知略や武勇だけではなく、他国からの信頼も得た事実が評価できます。敵ながらあっぱれという存在です。

孫子《そんし》の述べた、リーダーに必要な五要素。この五つを兼ね備えた登場人物の一人は趙《ちょう》の李牧《りぼく》である。〈第二十四巻　180P〉

二人目は、我らが秦国《しん》の総司令であり、軍師育成まで行う、昌平君《しょうへいくん》です。軍師の育成をするくらいですから、知略は当然ながら、咸陽《かんよう》の攻防戦では自ら兵を率いて敵将を討つ武勇も見せました。**〈第四十巻　80P★〉**

呂不韋《りょふい》陣営の四柱《しちゅう》の一人とされていたにもかかわらず、呂不韋《りょふい》を見切って政《せい》を助けた洞察力と使命感が素晴らしい。情勢や戦況を冷静に判断しシビアな決定もできる「厳」と、人を育てる「仁」を併せ持っているという感じでしょうか。

現時点（第41巻まで）で、「智信仁勇厳《ちしんじんゆうげん》」という孫子《そんし》の兵法で見ると、高い評価ができる李牧《りぼく》と昌平君《しょうへいくん》ですが、史記《しき》などの史実によれば、今後、政《せい》や信《しん》が彼らを乗り越え、凌駕し、打倒していくことになるでしょうから、**『キングダム』を通じて、政《せい》や信《しん》と一緒に私たちも成長していきましょう。**

リーダーが気を付けるべき五危《ごき》

孫子《そんし》の兵法では、リーダーの条件として、「智信仁勇厳《ちしんじんゆうげん》」の五つの項目が挙げられ、逆に、「五《ご》危《き》」と言って、ダメなリーダーのタイプも挙げられています。今度は、このダメな方を見て

二人目は、秦《しん》国の総司令であり、軍師育成も行う、昌平君《しょうへいくん》。知略は当然ながら、咸《かん》陽《よう》の攻防戦では自ら兵を率いて敵将を討つ武勇も見せた。〈第四十巻　80P〉

みましょう。

孫子《そんし》は、「将《しょう》に五危《ごき》あり。必死《ひっし》は殺《ころ》され、必生《ひっせい》は虜《とりこ》にされ、忿速《ふんそく》は侮《あなど》られ、廉潔《れんけつ》は辱《はずか》しめられ、愛民《あいみん》は煩《わずら》わさる。凡《およ》そ此《こ》の五者《ごしゃ》は、将《しょう》の過《あやま》ちにして、用兵《ようへい》の災《わざわ》いなり。軍《ぐん》を覆《くつがえ》し将《しょう》を殺《ころ》すは、必《かなら》ず五危《ごき》を以《もっ》てす。察《さっ》せざる可《べ》からざるなり」と教えてくれています。

「将軍には、五つの危険な資質があることを考慮しなければならない。**【必死《ひっし》】**思慮が浅く、決死の覚悟だけであれば殺される。**【必生《ひっせい》】**臆病で生き延びることばかりを考えていては捕虜にされる。**【忿速《ふんそく》】**短気で辛抱ができないようでは相手の挑発に引っ掛かってしまう。**【廉《れん》潔《けつ》】**体面を気にして清廉潔白なのは侮辱されて罠にかかる。**【愛民《あいみん》】**兵や民衆に情をかけて思いやりが強すぎるとその世話で苦労させられる。これら五つの点は将軍としての過ちであり、戦争遂行上の害悪となるものである。軍隊を滅亡させ将軍を死に追いやるのは必ずこれら五つの点に原因がある。よくよく肝に銘じて注意しなければならない」という意味です。

順に見ていきましょう。

必死《ひっし》：決死の覚悟で突撃していくタイプ。蛮勇はあるが、思考が浅くて殺されてしまう。猪突猛進、イケイケどんどんのリーダーです。調子の良い時にはいいが、退くことができないわけです。自分が死ぬだけならまだしも、部下も道連れにすることになりますから、勢いはあっても考えが足りないリーダーは困りものです。
主・麃公《ひょうこう》を失った麃公《ひょうこう》兵たちは、蕞《さい》での戦いで、「我らはすでに決死隊」と死を覚悟して、麃公《ひょうこう》の後を追う覚悟を決めます。〈第三十二巻　17P〉
しかし、さすが政《せい》です。彼らの死に急ぐ覚悟に対し「それは許さん」と、生きて蕞《さい》を守り抜くことこそが麃公《ひょうこう》を弔うためにも必要なことだと説きました。
必生《ひっせい》：自己保身を優先させ、自分の地位ややり方を守ることばかりに神経を使うタイプです。臆病で自分が生き延びることばかり考えているから捕虜にされてしまうわけです。前例のあることしか認めようとせず、自ら意思決定しようとしない。何か決める時には必ず部下に諮り、責任を不明確にしたりします。部下の意見を聞くというよりも部下への責任の押付け。うまく行けば自分の手柄にし、失敗すれば部下のせいにするようでは、最初は意見を聞いてくれて喜んでいた部下も、すぐに見抜いてしまうでしょう。
成蟜《せいきょう》と共にクーデターを起こした、左丞相《さじょうしょう》・竭氏《けつし》はひどいリーダーでした。山の民に追いつかれそうになったら、部下を馬車から投げ落としてしまいました。〈第三巻　193P〉
自分さえ助かればいいという非道さです。
そして、いよいよ信《しん》たちに追い詰められ、万事休すとなった際にも、我先に逃げ出そうと

醜態をさらし、結局討たれてしまいました。〈第五巻　20P★〉

なんとも冴えないリーダーです。

忿速《ふんそく》：いつもイライラして、部下を怒鳴り散らしてばかりというタイプ。短気で辛抱ができないから、相手の挑発に乗ってしまい馬鹿にされてしまうことがあります。部下も黙って聞いているフリをしつつ、腹の中では「また始まった……」と思っていたりします。子供っぽさ、幼稚さが抜けない感じでしょうか。部下には偉そうにするくせに、上司に対してはヘコヘコ低姿勢だったりすると、余計ガッカリさせられることになったりします。

燕《えん》国の大将軍という割に、ガッカリさせられた劇辛《げきしん》がこのタイプでしょうか。龐煖《ほうけん》が現れた時に、冷静に相手の力を見定めるような余裕があれば良かったのでしょうが、退がろうとする部下を「恥さらし」と罵りながら、龐煖《ほうけん》にあっさりとやられてしまいました。〈第二十四巻　55P〉

せっかく力があっても、すぐに感情的になって冷静な判断ができなくなるとダメなわけです。

忿速《ふんそく》は、信《しん》も気を付けないといけません。楚《そ》の項翼《こうよく》に「腰抜け」とバカにされ、挑発された信《しん》は、一人で項翼《こうよく》に斬りかかりました。〈第二十四巻　66P〉

挑発していた項翼《こうよく》も「そこまでバカじゃねェか」と言っていたくらいなのに、行ってしま

「将《しょう》に五危《ごき》あり」。その一つ【必生《ひっせい》】の代表格が左丞相《さじょうしょう》・竭氏《けつし》。信《しん》たちに追い詰められたとき、我先に逃げ出そうとして醜態をさらした。〈第五巻　20P〉

うところが信《しん》らしいのですが。しかし、リーダーとしてはこういう挑発に乗ってはいけないのです。信《しん》の成長余地ですね。

廉潔《れんけつ》：体面を気にして清廉潔白であろうとする人間は侮辱されて罠にかかることがあります。綺麗事ばかりで、自分だけ良い子でいようとする上司では部下はやっていられません。自ら手を汚さないタイプ。評論家上司です。プライドが高いから、自分の面子ばかりを気にして、常に社内の他部署や他の管理者との比較や駆け引きに神経を使うことが多くなります。困ったリーダーです。

楚《そ》の汗明《かんめい》は、評論家タイプではないですが、昌平君《しょうへいくん》の「面子を重んじる」という読み通り、「中華最強の漢」の面子をかけて、蒙武《もうぶ》の前に現れました。**〈第二十九巻　70P〉**

リーダーたる者、プライドも大事ですが、意地や面子で無理をしてはいけません。地位や名誉、肩書、力があるが故の落とし穴です。

愛民《あいみん》：優しい、いい人ではあるが、部下に対して厳しいことが言えないというタイプです。兵に対して情をかけ、思いやりがあるのはいいのですが、今度はその世話で苦労させられることになったりします。大所高所から、是を是、非を非と断じることができないものだから、いざという時に曖昧なことしか言わず頼りにならない。短期的には部下から慕われることもあるのですが、長い目で見れば甘やかしたことで軽んじられたり、逆に怨まれたりすることもあったりします。ビジネス戦争を勝ち抜いていくためにも、優しさだけではダメなのです。
蕞《さい》の攻防戦において、趙《ちょう》のカイネは、河了貂《かりょうてん》の首をはねられる状態になりながら、命を助けて捕虜にしようとしました。〈第三十一巻 195P〉
飛信隊《ひしんたい》の軍略が河了貂《かりょうてん》によるもので、河了貂《かりょうてん》を討てば飛信隊《ひしんたい》に大きな打撃を与えることになるのを知りながらです。
その甘さ、優しさによって、今度は信《しん》の河了貂《かりょうてん》を奪還しようとする一撃で、河了貂《かりょうてん》を逃がしてしまうと同時に、自分が城壁から落ちそうになってしまったのです。
ところが、今度は、河了貂《かりょうてん》がそれを助けてしまいます。〈第三十一巻 203P〉
河了貂《かりょうてん》は、敵であるカイネの腕をつかんで城壁からの落下を防ぎ、さらに信《しん》が尾平《びへい》に命じてカイネを槍で刺そうとすると、城壁の下で趙《ちょう》兵が受け止められるようにカイネを落としてしまいました。それが間違っていることだと知りながら。
部下に対してというよりも敵に対して甘かった二人の事例を挙げましたが、人として優しかったり、部下に思いやりがあることは、平和な現代の一般の感覚としては素敵なことですが、リーダーとしては、その立場、状況を考えて、冷徹な判断もできなければならないのです。それを孫子《そんし》は「愛民《あいみん》」として五危《ごき》に挙げました。
私たちもこれら「五危《ごき》」に気を付けましょう。

古代の戦争も情報戦

そして、孫子《そんし》の兵法で忘れてはならないのが、情報戦、諜報戦です。孫子《そんし》は、十三篇から成る書物ですが、そのうちの一つに用間篇《ようかんへん》という間諜（スパイ）の使い方や諜報戦のあり方について取り上げた篇があるほど、**諜報活動の大切さを説いています。**

孫子《そんし》は、紀元前五〇〇年に「明主《めいしゅ》・賢将《けんしょう》の動《うご》きて人《ひと》に勝《か》ち、成功《せいこう》の衆《しゅう》に出《い》づる所以《ゆえん》の者《もの》は先知《せんち》なり」と言い切っています。優れたリーダーが勝利し成功するのは、敵より先に相手の情報をつかむ**「先知《せんち》」**によるのだと。それも、神仏に祈ったり、占いをして知るのではなく、ちゃんと人間（間諜）が情報を取って来ないとダメだぞとまで言っているのです。現代になって、ＩＴを使うから情報戦になったのではなく、**紀元前の昔から、戦争は情報戦なのです。**

『キングダム』でも、優れたリーダーは諜報活動を忘れません。趙《ちょう》の李牧《りぼく》は、二十万もの匈《きょう》奴《ど》を屍の山にしながら、情報封鎖によってその情報が秦《しん》に伝わらないようにしました。味方である趙《ちょう》軍内にも内密にする徹底ぶりです。

その情報に価値があることを知る山の民の王・楊端和《ようたんわ》は急遽、咸陽《かんよう》に赴き政《せい》と昌文君《しょうぶんくん》にこの事実を伝えます。**〈第十五巻 72P〉**

さすが、山界に君臨する楊端和《ようたんわ》ですが、李牧《りぼく》の情報操作の徹底ぶりもさすがです。

そして、政《せい》と楊端和《ようたんわ》も情報戦で李牧《りぼく》の虚を突きます。

蕞《さい》での攻防戦で、政《せい》は楊端和《ようたんわ》に援軍を頼んでいることを昌文君《しょうぶんくん》以外には秘密にしていました。李牧《りぼく》側への情報漏洩を防ぐためです。**〈第三十二巻 156P〉**

敵の動きを先に知ろうとするのが「先知《せんち》」だとすると、当然、敵にこちらの動きを知られないようにすることも重要なわけです。

こうした諜報活動によって、孫子《そんし》で最も有名な**「彼《かれ》を知《し》り己《おのれ》を知《し》らば、百戦殆《ひゃくせんあや》うからず」**という状態を作り出すことができるのです。敵の情報を得て、兵力や動きを先知し、味方の戦力把握や統制も出来ている状態であれば、百回戦っても危機に瀕することはないというのです。百戦百勝ではないのは、敵が強くて味方が弱いと分かれば戦わないということも含むからです。

勝てるかどうかの判断が的確に出来て、勝てる戦《いくさ》しかしないのが優れたリーダーだと孫子《そんし》は言います。「古《いにしえ》の所謂《いわゆる》善《よ》く戦《たたか》う者《もの》は、勝《か》ち易《やす》きに勝《か》つ者《もの》なり。故《ゆえ》に善《よ》く戦《たたか》う者《もの》の勝《か》つや、智名《ちめい》無《な》く、勇功《ゆうこう》無《な》し」と。

「古くから兵法家が考える優れた将軍とは、容易に勝てる相手に勝つ者である。それ故に、優れた将軍が戦って勝利しても、智将だとの名声もなく、勇敢であると称えられることもない」というわけです。

まさにこれを実践しているのが、王翦《おうせん》です。魏《ぎ》の廉頗《れんぱ》との戦いにおいて、有利な地形に追い込みながら、全軍退却の指示を出します。**〈第二十一巻　89P★〉**

そんな戦いぶりだから孫子《そんし》が言うように、王翦《おうせん》は周囲から評価されにくいのでしょう。しかしそうした判断ができる将軍が優秀なのです。負ければ死に、国が亡ぶ可能性もあるわけですから、**敵、味方の情報をつかんで、確実に勝てる時しか戦わないという将軍は、プロの仕事をしていると言えるでしょう。**

そして、いざ戦う時には、諜報活動によって集めた情報で敵の虚を突きます。虚とは、隙とか弱みのことです。孫子《そんし》は、「進《すす》みて迎《むか》う可《べ》からざる者《もの》は、其《そ》の虚《きょ》を衝《つ》けばなり」と言いました。「進撃した際に、敵が迎え撃つことができないのは、こちらがその敵の隙（弱点）を衝いているからである」ということです。

敵、味方の情報をつかんで、確実に勝てる時しか戦わないという将軍は、プロの仕事をしていると言える。しかし、評価はされにくい。〈第二十一巻　89P〉

王騎《おうき》は、趙国《ちょう》との戦いにおいて、敵将の馮忌《ふうき》を討ち取る際に、ある作戦を信《しん》に授けます。それを見た飛信隊《ひしんたい》の老兵・魯延《ろえん》は虚を突くことで敵を崩していると看破しました。孫子《そんし》の兵法が歩兵たちにも浸透していたのかもしれません。〈第十二巻　107P★〉

これも王騎《おうき》が、敵と味方の状況、馮忌《ふうき》の性格や戦い方、信《しん》の突破力などの情報を持っていてはじめて、馮忌《ふうき》の虚がどこにあり、それをどう突けば良いかを見定め、指示することができたのです。さすが王騎《おうき》です。

紀元前のリーダーたちが、こうして情報戦、諜報戦をしていたわけですから、ITツールやネットが普及した二十一世紀の私たちも、情報力、諜報力を持たないわけにはいきません。

孫子《そんし》の兵法から見ても、『キングダム』に登場する将軍たちは、優れたリーダーとしての手本を示してくれています。

おわりに
『キングダム』はリーダーシップを学ぶエンターテインメント教科書である

リーダーの条件、十項目中何個クリアできたでしょうか？

「自分もリーダーになれる」「かならずリーダーになってやる」

そう確信していただけたでしょうか。

もし、クリアできそうな項目が少なくて、自分はとてもリーダーになれそうにないなと自信をなくしてしまった人も、安心してください。

はじめから完璧な人などいないのです。それは信《しん》や政《せい》も王騎《おうき》も同様です。

誰しも、その気になれば、必ずリーダーシップを発揮できるようになる。

これが本書で一番お伝えしたかったことです。もちろん、リーダーのタイプにもいろいろありますから、自分らしいスタイルで良いのです。『キングダム』の登場人物で目指すタイプを考えてもいいでしょう。

政《せい》タイプでいきますか？　やはり信《しん》タイプ？　王騎《おうき》タイプも捨て難い。羌瘣《きょうかい》タイプはどうでしょうか。蒙恬《もうてん》タイプもあります。

それぞれのタイプ、スタイルで、十の条件をクリアすることを考えてみてください。もちろん、どうしても苦手なポイント、クリアしにくい条件があるかもしれません。その場合には、それを補ってくれる副官、同志、秘書を探してもＯＫです。信《しん》にとっての河了貂《かりょうてん》や羌瘣《きょうかい》のように。

そのためにも、リーダーを目指す人に、まずは持っておいて欲しい力は、目指す目的地を示す**「ビジョン構築力」**、それに対して人生をかける**「使命挺身力《しめいていしんりょく》」**、そしてリーダーに助力し、協力してくれる人を大事にする**「部下愛育力」**です。この三つの条件がクリアできれば、あとは壁に当たり、谷に落ち、川で溺れそうになりながら、実地で身に付けていきましょう。

その際に、私たちを導いてくれるテキストが『キングダム』です。楽しみながら疑似体験を積める「エンターテインメント教科書」なのです。

本書は、『キングダム』の連載十周年、単行本では41巻までの内容をもとにしています。原先生によると完結するまでにはさらに倍くらいかかりそうということですので、ここからさらに読者と共に成長していくテキストでもあります。信《しん》や政《せい》になったつもりで一緒に成長していきたいものです。

私も、『キングダム』を通じてさらにリーダーシップについて学んでいきたいと思います。本書は、リーダーの十の条件に沿って解説しましたが、『キングダム』が完結した際には、信《しん》が「天下の大将軍」になるまでの成長過程を追いながら、改めて人がリーダーとして成長するには何が必要かを考える本が書けたらいいなぁと思います。

最後に、『キングダム』との出会い、原先生との出会い、集英社さんとの出会いがあり、本書を書く機会をいただけたことに感謝申し上げます。人気漫画をベースにしてリーダーシップを考えるという新しいチャレンジができました。『キングダム』自体が持つ力によって、読者の皆さんに参考にしていただける本になったと思います。

本書を読んで、『キングダム』を読んでみたいと思ってくれる人がたくさんいると嬉しいですが、恐らく、『キングダム』を読んでいる人が本書も読んでくれたとなるケースが多いでしょう。本書が『キングダム』を読む際の一つの切り口となり、こういう見方もあるのかと再度読み返してもらったり、改めて気付きを与えることができれば幸いです。

漫画が先でも、本書が先でも、『キングダム』のファンがさらに増えて、多くの人が信《しん》のように、最下層からでも頂点を目指す気概と勇気と実行力を持ちたいと発奮してくれることを祈念しております。

最後までお読みいただき、ありがとうございました。

二〇一六年三月

長尾一洋

■参考文献

「新訂　孫子」　金谷　治 著（岩波文庫）

「孫子」　浅野裕一 著（講談社学術文庫）

「戦国策」　近藤光男 著（講談社学術文庫）

「リーダーは誰だ？」　長尾一洋 著（あさ出版）

「まんがで身につく孫子の兵法」　長尾一洋 著（あさ出版）

「仕事で大切なことは孫子の兵法がぜんぶ教えてくれる」　長尾一洋 著（ＫＡＤＯＫＡＷＡ）

『キングダム』で学《まな》ぶ
乱世《らんせい》のリーダーシップ

2016年3月30日　第1刷発行
2025年4月6日　第6刷発行

原　作　原泰久《はらやすひさ》

著　者　長尾一洋《ながおかずひろ》

発行者　樋口尚也

発行所　株式会社 集英社
〒101-8050　東京都千代田区一ツ橋2-5-10

電　話　編集部　03-3230-6141
読者係　03-3230-6080
販売部　03-3230-6393（書店専用）

印刷所　TOPPANクロレ株式会社

製本所　ナショナル製本協同組合

ISBN978-4-08-781603-7　C0095